Claudia Mühlan

Bleib ruhig,

Mama!

Tipps für die ersten drei Jahre

SCM Hänssler

SCM

Stiftung Christliche Medien

2. Auflage 2010
Bestell-Nr. 394.861
ISBN 978-3-7751-4861-0

Überarbeitete Neuauflage.
Dieser Titel erschien zuvor bei Gerth Medien, Asslar.

© Copyright der deutschen Ausgabe 2009 by
SCM Hänssler im SCM-Verlag GmbH & Co. KG · 71088 Holzgerlingen
Internet: www.scm-haenssler.de
E-Mail: info@scm-haenssler.de
Umschlaggestaltung und Titelbild: Bettina Nill
Satz: typoscript GmbH, Kirchentellinsfurt
Druck und Bindung: CPI – Ebner & Spiegel, Ulm
Printed in Germany

Inhalt

Vorwort zur überarbeiteten Neuauflage

Am Ende meiner Mutterphase habe ich mich noch einmal an dieses langjährig bewährte Buch gesetzt und es überarbeitet und aktualisiert. Ich habe die neuesten Ergebnisse zur Bindungs- und Gehirnforschung eingearbeitet und war erstaunt, was man inzwischen nicht alles zu Säuglingspflege und Kleinkinderziehung im Internet findet. In extra hervorgehobenen Feldern finden Sie Surftipps zum jeweiligen Thema.

Sehr bereichernd finde ich die spontanen Ideen und Ergänzungen der jungen Mütter, die das Manuskript gelesen und mir viele Anregungen gegeben haben:

- Mirke mit der vier Wochen alten Alena
- Esther mit ihrem dreizehn Monate alten Kaleb Rocky Marcus
- Tanja mit David (drei Jahre) und Tamara (zwei Jahre)
- Jana mit Samuel (sechs Jahre), Jeremia (vier Jahre) und Timea (sechs Monate)
- Carola mit Rahel (sieben Jahre), Debora (fünf Jahre), Joel (drei Jahre) und Aaron (neun Monate)
- Katharina mit Samuel (acht Jahre), Valentin (fünf Jahre) und Anika (ein Jahr)

Vielen Dank an Euch! Eure Beiträge sind aus dem prallen Alltag und werden die Leserinnen und Leser inspirieren.

Einführung

Kinder sind ein Schatz, und Kindererziehung kann eines der herrlichsten Abenteuer auf Gottes Erdboden sein. Man muss allerdings die entsprechende Einstellung haben und bereit sein zu lernen. Darum geht es mir in diesem Buch. Ich möchte insbesondere die jungen Mütter ansprechen. Es sind nun einmal nach wie vor wir Frauen, die die Kinder zur Welt bringen, stillen und am meisten um die Beine haben. Lassen Sie uns gemeinsam auf den Weg machen durch die Zeit der Schwangerschaft und die ersten Lebensmonate bis hin zum dritten Lebensjahr. Ich möchte Ihnen Zuversicht, Sicherheit und Gelassenheit im Umgang mit Ihrem Kind vermitteln.

Natürlich sollten auch die Väter unbedingt die Nase in dieses Buch stecken, immerhin ist das Kind ja Ihr gemeinsames Werk! Für die Väter, die wenig Zeit haben, bleiben die »Kurzfassungen für Wenigleser« (Worauf es ankommt), um sich eine Übersicht zu verschaffen.

Eins gleich vorneweg: Es ist noch kein Meister vom Himmel gefallen, erst recht keine perfekte Mutter oder Hausfrau. Haben Sie also Geduld mit sich. Wie Ihr Kind heranreift und wächst, so können auch Sie reifen und wachsen. Mir selbst ging und geht es auch so. Nur habe ich den Vorteil, dass ich inzwischen schon mehr als 35 Jahre Familie habe, Sie vielleicht wenige Wochen oder Jahre. Es wäre recht ungewöhnlich, wenn ich Ihnen nicht einige Dinge voraushätte. Meine große Kinderschar – sechs Angenommene und sieben selbst Geborene – hat mich eine Menge Lebens- und Erziehungsprinzipien gelehrt, die ich praktizier(t)e und an Sie weitergeben möchte.

Sehr dankbar bin ich Eberhard, meinem Mann. Als »guter Geist«, sprich *ghost writer*, im Hintergrund hat er es mir damals wirklich leicht gemacht. Die Kinder von mir scheuchend, platzierte er mich mit meiner Liege in die Sonne, drückte mir ein Diktiergerät in die Hand und vertraute auf meinen Einfallsreichtum.

Aus meinem Geplauder hat er dann ein gutes Deutsch gemacht. (Ich bin beeindruckt von der Art, wie ich mich ausdrücken kann!)

Nun gut, so etwas kann auch nur eine Person aufs Papier bringen, die mich seit meinen Teenagerjahren kennt und liebt.

Schwangerschaft und Entbindung

Worauf es ankommt

- Eine Schwangerschaft nimmt mehr Einfluss auf das Leben einer Frau und auf den Embryo, als Sie vielleicht zunächst angenommen haben.
- Menschliches Leben beginnt mit der Zeugung. Eine Frau sollte wissen, was in ihrem Körper vorgeht. Sie darf das Kind von Anfang an als ein Geschenk Gottes annehmen.
- Sie haben Verantwortung für zwei. Ihr Lebensstil hat Einfluss auf die Gesundheit und die seelische Verfassung Ihres Ungeborenen.
- Freuen Sie sich auf das Kind. Legen Sie sich nicht auf ein bestimmtes Geschlecht fest, nehmen Sie es an, wie Gott es Ihnen gibt.
- Eine Schwangerschaft ist nicht immer leicht. Entscheiden Sie sich trotzdem, sie zu genießen! Bewahren Sie sich die Vorfreude, und gönnen Sie sich etwas Gutes.
- Bereiten Sie sich Schritt für Schritt auf die Entbindung vor: Nehmen Sie (zusammen mit Ihrem Partner) an einem Geburtsvorbereitungskurs teil. Lassen Sie sich von erfahrenen Müttern beraten. Suchen Sie sich eine Hebamme und ein Krankenhaus Ihres Vertrauens.
- Bleiben Sie zuversichtlich! Eine Schwangerschaft kann beschwerlich sein, aber sie dauert nur neun Monate. Mit einer positiven Einstellung kommen Sie besser über die Runden.

Mit dem Ungeborenen leben

Mein Thema ist die Kleinkind-Erziehung bis zum Ende des dritten Lebensjahres. Aber ich möchte noch früher einsteigen, nämlich mit der Schwangerschaft. Menschliches Leben beginnt mit der Zeugung. Eine Frau sollte wissen, was in ihrem Körper vorgeht. Sie darf das Kind von Anfang an als ein Geschenk Gottes annehmen.

Bei meinem ersten Kind wusste ich darüber leider zu wenig. Ich hatte zu viel anderes um die Ohren, außerdem hatte mich auch niemand neugierig darauf gemacht. Dabei ist es doch spannend zu wissen, wie groß das Kind ist, ob es bereits die Hände bewegen, die Augen öffnen und schließen kann oder was es auch immer in Ihrem Körper gerade anstellt.

Ich will Sie jetzt nicht mit medizinischen Details überhäufen – die können Sie in Fachbüchern nachlesen –, aber doch einige Dinge aufzählen, die mich während meiner späteren Schwangerschaften regelrecht begeistert haben. Schade, wenn man sie nicht kennt!

Früher meinten Ärzte, ein Kind lebe im Mutterleib in einer vollkommen erfahrungslosen Welt. Man stellte sich die Gebärmutter als einen stockfinsteren, totenstillen Raum vor, in dem das Kind in totaler Empfindungslosigkeit heranreift. Erst mit Hilfe moderner Techniken – *pränatale Diagnostik* – hat man mehr über die Sinneswahrnehmungen im Uterus erfahren. 1965 gelang es zum ersten Mal, einen Fötus im Mutterleib zu fotografieren.

Stichwort »Pränatale Diagnostik«
www.praenatal-diagnostik.ch
www.eltern.de: Schwangerschaftsguide

In Ihrer Gebärmutter ist es alles andere als still. Ihr Herzschlag dröhnt laut und beständig. Hinzu kommen Ihre Darm- und Magengeräusche. Wenn Sie wissen wollen, wie Ihr Kind sie vernimmt, dann tauchen Sie nur einmal Ihren Kopf in einer leerlaufenden Badewanne unter Wasser. Jetzt wissen Sie Bescheid!

Selbst Geräusche von außen nimmt das ungeborene Baby wahr. Ganz besonders deutlich natürlich Ihre Stimme, denn das Skelett und die Körperflüssigkeit sind gute Schallleiter. Mit Ihrer Stimme ist Ihr Kind nach der Geburt am vertrautesten. Es hat sie in etwas verzerrter Form bereits kennengelernt und wird sie schnell von anderen Stimmen unterscheiden können. Das haben Tests mit Neugeborenen ergeben.

Das ungeborene Kind nimmt auch den Unterschied zwischen Hell und Dunkel wahr, vor allem in den letzten Monaten, wenn Ihre Bauchdecke sich gedehnt hat und damit dünner geworden ist und mehr Licht durchlässt. Ziehen Sie sich bei Lampenlicht aus, oder stellen Sie sich mit nacktem Bauch in die Sonne, dürfte es innen leicht rosa schimmern. Wie eine Pflanze wird sich Ihr Kleines dann zum Licht drehen!

Ähnlich ist es mit dem Geschmackssinn. Da das ungeborene Kind ständig schlückchenweise Fruchtwasser trinkt, unterscheidet es auch Geschmackszusätze. Schon vor vierzig Jahren beobachtete ein Arzt, der Frauen bei einer Behandlung den Süßstoff Saccharin ins Fruchtwasser spritzte, dass der Fötus mehr als normal trank. Ganz anders reagierte er zum Beispiel bei einem Röntgenkontrastmittel: Es musste abscheulich schmecken, denn der Fötus trank deutlich weniger Fruchtwasser.

Solche Forschungsergebnisse beeindrucken mich bis heute und ließen mich das Werden und Wachsen in meinem Leib viel besser verstehen und ertragen. Fantastisch, dass mein Kind schon im Mutterleib meine Stimme hört! Ich kann ihm etwas vorsingen, ihm etwas erzählen und mit ihm beten. Gleichzeitig registriert es jedoch auch, wenn ich missmutig vor mich hinschimpfe oder mich mit meinem Mann streite. Mein aufgebrachter Puls wird dröhnen wie eine Dampfmaschine, die kurz vor dem Explodieren ist.

»Ich konnte es bei jedem meiner drei Kinder kaum erwarten, bis ich endlich die ersten Bewegungen in meinem Bauch spüren konnte. Was für ein Gefühl: Da wächst ein richtiger kleiner Mensch heran, und ich merke jede Bewegung.« – Katharina

»Ich habe David vom 6. Monat der Schwangerschaft an immer die Spieluhr abends auf den Bauch gelegt, damit er später die Melodie schon kennt. Tatsächlich hat er sich dann als schreiender Säugling sofort beruhigt, wenn ich die Spieluhr aufgezogen habe.« – Tanja

»Einmal habe ich mich extrem über eine laut knallende Tür erschrocken. Nur eine Sekunde später merkte ich schon einen heftigen Tritt im Unterleib – meine Tochter muss sich wohl auch erschrocken haben!« – Mirke

Ich sorge auch nicht mehr für mich allein. Jetzt sorge ich für zwei! Alkohol wird den Kleinen genauso benebeln wie mich, und Nikotin wird sein kleines Herz zum Rasen bringen.

Wenn ich das so schildere, wünsche ich mir, dass Sie einerseits die Verantwortung spüren, die Ihnen für das neue Leben übertragen wird. Doch andererseits wünsche ich Ihnen, dass eine so große Freude über das intensive Zusammenleben mit Ihrem Kind in Ihrem Leib in Ihnen aufbricht, sodass Sie es kaum noch abwarten können, bis Sie das Baby endlich in den Armen halten. Die Vorfreude sollte alle Unbequemlichkeiten und Schmerzen bei Weitem überdecken. So war es bei mir, und so wünsche ich es Ihnen!

»Dieses Wechselbad der Gefühle von Vorfreude und Angst vor der Verantwortung habe ich gerade beim ersten Kind sehr extrem durchgemacht. Es hat mich dann beruhigt, zu lesen, dass auch Angstgefühle ganz normal sind und ich nicht schon im Voraus eine ›schlechte Mutter‹ bin …« – Tanja

»Abends lagen mein Mann und ich im Bett und haben unserem Baby im Bauch erzählt, dass wir uns riesig auf es freuen! Dann haben wir uns vorgestellt, dass es bald wirklich zwischen uns liegen wird – das war ein tolles Gefühl.« – Mirke

Freuen Sie sich auf Ihr Kind

Ich bin immer glücklich, wenn ich junge Mütter und Väter sehe, die sich mächtig auf ihr Kind freuen und es aus Gottes Hand nehmen. Dies ist keine Selbstverständlichkeit in einer Zeit, in der manche Paare trotz Kinderwunsch leider keines bekommen können oder andere, die sich ohne Kinder ihr Glück zimmern. Zu einer richtigen Herausforderung kann es werden, wenn sich ein ungeplantes Kind anmeldet. Selbst wenn es schwerfällt – akzeptieren Sie auch dieses Kind, es hat Ihre Liebe und Fürsorge verdient!

Ich habe in meinem Herzen immer eine Stelle für ein Überraschungsbaby freigehalten. Den Kampf zwischen Ablehnung und Annahme, den ich manchmal bei anderen Frauen beobachte, wollte ich mir ersparen.

Ich hatte mich in meinen Wünschen auch nie auf das Geschlecht festgelegt. Es ist schon nervig, wenn ständig gestichelt wird: »Na, was willst du haben? Einen Jungen oder ein Mädchen?« Oder: »Jetzt wird es ja wohl Zeit, dass du einen Jungen (ein Mädchen) bekommst.«

Meine Antwort lautete immer ganz cool: »Es kommt, wie es kommt!« Damit war für mich das Kapitel abgeschlossen. Was bringt es denn, wenn Sie sich auf ein Geschlecht versteifen, und dann kommt es doch anders. Den »Kater« und die Annahmeschwierigkeiten können Sie sich wirklich ersparen, indem Sie die Geschlechterfrage in Gottes Händen lassen.

»Auch ich habe das bei unserem Dritten so erlebt. Nach zwei Jungs fieberten alle um uns herum, ob es denn ›endlich‹ ein Mädchen sei. Unsere Beteuerungen: ›Wir sind dankbar für jedes Kind, egal, ob Junge oder Mädchen!‹ wurden eher abgetan.

Als das Baby endlich da war, vergaßen wir völlig, nachzuschauen, ob es ein Mädchen oder Junge ist. Wir kuschelten mit unserem Kind und waren dankbar, dass es endlich da war!« – Jana

Nun ist die erste Schwangerschaft etwas vollkommen Neues. Fast jede Erstschwangere kennt Phasen, in denen Ängste aufbrechen:»Verhalte ich mich jetzt richtig? Wird mein Baby auch wirklich gesund sein? Wie schmerzhaft wird die Geburt werden?«

Dann ist es nur gut andere, erfahrene Frauen um sich zu haben, die man fragen kann und die aus ihrer Erfahrung berichten. Melden Sie sich bei einem *Geburtsvorbereitungskurs* an, am besten zu zweit mit Ihrem Mann. Das hält Sie fit und hilft Ihnen, sich besser auf die Entbindung einzustellen und die richtige Atemtechnik zu lernen. Außerdem treffen Sie dort auf Gleichgesinnte und Sie können eine Menge Fragen mit ihnen durchsprechen. Jede Schwangerschaft verläuft anders. Immer wieder entstehen neue Herausforderungen.

Stichwort »Geburtsvorbereitungskurs«
www.treffpunkteltern.de
www.rund-ums-baby.de
www.das-gesundheitsportal.com

Passen Sie aber auch ein wenig auf! Ich stoße immer wieder auf Frauengrüppchen – entweder junge, unerfahrene oder ältere, unreife Frauen –, die einen wahren Dienst der »Entmutigung« versehen und regelrechte Gruselgeschichten über Schwangerschaften und Entbindungen erzählen. Nach solch einer »Beratung« kann einen dann wirklich die Angst packen.

Immer zuversichtlich bleiben!

Ich weiß – Schwangerschaften können mühevoll und zeitweise auch schmerzhaft sein. Und die Entbindung ist auch kein Kinderspiel. Aber trotz allem habe ich mir gesagt:»Das Ganze dauert neun Monate, und dann ist es überstanden!« So ist es mir gelungen, mich mehr auf das Kind zu freuen, als trüben Gedanken nachzuhängen oder ständig zu stöhnen.

Ja, ich lernte die Schwangerschaften zu genießen, auch wenn manch eine nicht so leicht war.

»Es gab nur einen Moment in der Schwangerschaft, in dem ich den Kleinen rausschmeißen wollte. Das war, als er mir immer so unter die Rippen trat, dass ich dachte, mein Magen spinnt oder ich bekomme einen Herzinfarkt. Nach einer Stunde war es dann vorbei, und ich habe dem Kleinen gesagt, dass er doch noch gerne drinnen bleiben darf, und zwar so lange, wie er möchte.« – Esther

»Für mich war es gerade in der schwierigen Schwangerschaft mit David eine totale Hilfe, mich über jeden einzelnen Moment ganz bewusst und intensiv zu freuen, in dem ich das Kind in meinem Bauch gespürt habe. Das war so ein wunderbares Gefühl, dass ich ohne zu Zögern immer wieder sagen konnte: Dafür lohnt sich das alles …« – Tanja

Von meinen sieben Schwangerschaften waren eigentlich nur die ersten vier problemlos. Beim ersten Kind war ich bis zum Mutterschutz berufstätig und konnte ohne Schwierigkeiten fast alles tun wie zuvor – einfach, weil ich mich auch nicht so behäbig fühlte wie bei späteren Schwangerschaften. Die letzten drei Schwangerschaften dagegen waren mit vielen Schwierigkeiten und viel Bangen verbunden. Ich kann Mütter, die Schwangerschaftskomplikationen haben und sich fragen: »Wie soll ich das nur überstehen, und wie soll der Haushalt weitergehen?«, sehr gut verstehen.

Wochenlang musste ich wegen Blutungen konsequent liegen – und das bei zehn munteren Kindern im Haus! Da nicht den Mut zu verlieren, ist ein geistlicher Lernprozess, den man möglichst schon vorher, in Zeiten, in denen es einem gut geht, durchstehen sollte. Zwei Fehlgeburten hatten mich vorsichtig gemacht und mir auch neu gezeigt, welche Verantwortung ich meinem eigenen Körper und dem Kind gegenüber habe. Zumindest teilweise habe ich es in der Hand, ob dieses Leben weiter wachsen wird oder nicht. Hätte ich mich nicht strikt an die Anweisungen meines Arztes gehalten, hätte ich vielleicht auch die letzten Kinder verloren.

So thronte ich also im Wohnzimmer auf dem Sofa und führte von dort aus Regie. Nur gut, dass die Krankenkasse für solche Notfälle eine *Haushaltshilfe* bezahlt. Die können Sie sich übrigens selbst aussuchen. Entweder man bekommt eine Haushaltshilfe gestellt, oder aber der Mann kann von seiner Arbeit freigestellt werden und die Krankenkasse übernimmt zu einem Teil sein Gehalt. Die genauen Informationen holen Sie sich am besten bei Ihrer eigenen Krankenkasse.

Ich hatte meistens ein junges Mädchen aus unserer Gemeinde, das sich damit sein Taschengeld aufbesserte. Da lag ich nun – ich, die ich so gern durchs Haus wirbelte und meine Hausarbeit liebe – und musste aufpassen, dass ich mich nicht seelisch runterziehen ließ, sondern trotz allem in Gott geborgen fühlte. Entschieden konzentrierte ich mich auf die positive Seite: So viel Zeit zum Beten und Bibellesen hatte ich vorher garantiert nicht. Auch andere Bücher kamen nicht zu kurz. Eberhard konnte kaum für Nachschub sorgen. Naja, und die Telefonrechnung war in solchen Monaten auch beträchtlich höher … Aber heute gibt es zum Glück ja Flatrates, Mails und Chatmöglichkeiten. Da sollte die Kommunikation nach draußen kein Problem mehr sein.

Stichwort »Haushaltshilfe«
www.krankenpflege-haushaltshilfe.de
www.konsumo.de

Während dieses Boxenstopps in der Schwangerschaft konnte ich intensiver auf die einzelnen Kinder eingehen. Ich hatte richtig Zeit für ihre Hausaufgaben, konnte ihnen lange zuhören und Geschichten vorlesen. Nur bei ihren Streitereien hockte ich hilflos in den Polstern, was die Kleinsten recht schnell auszunutzen verstanden.

Und Eberhard lernte meine Aufgabe als Hausfrau und Mutter so richtig zu bewundern. Obwohl er sich schon immer gut in die Familie eingebracht hatte, stellte er für diese Zeit seine Arbeit um, und vereint mit unserer Haushaltshilfe und den ältesten Kindern schmiss er den Laden. Hinterher, wenn ich das Kind gesund im Arm hielt, war alles vergessen. Was zählen dann noch die qualvollen Monate! Hier ist ein neues Leben, das sich quäkend bedankt!

Gönnen Sie sich etwas Gutes

Sie sollten darauf achten, dass Sie ihren Körper nicht zu sehr belasten. Meiden Sie unbedingt schädliche Einflüsse wie Nikotin, Alkohol und zu große Aufregung. Vergessen Sie nicht: Ihr Lebensstil während der Schwangerschaft hat schon einen gewissen Einfluss auf die Gesundheit und die seelische Verfassung des Ungeborenen.

Gönnen Sie sich etwas Gutes. So habe ich es in jeder Schwangerschaft gehalten. Immer wollte ich mal zur Kosmetikerin gehen. Meinen Sie, ich habe es zeitlich geschafft? Aber in der Schwangerschaft... Geruhsam habe ich mich dorthin gerollt und »bearbeiten« lassen.

Wozu haben Sie Lust? Vielleicht eine Freundin zu besuchen oder in einem Straßencafé zu chillen oder schön auszuschlafen? Es ist nur richtig, wenn Sie sich in dieser beschwerlichen Zeit auch etwas Gutes gönnen.

»Ich habe regelmäßig Massagen erhalten, von meinem Mann mit duftendem Schwangerschaftsöl. Inzwischen gibt es tolle Massageöle, die z. B. nach Rose duften oder nach Lavendel.« – Katharina

»Ich habe in meinem Leben nie wieder innerhalb so kurzer Zeit so oft stundenlang gebadet, umgeben von Schaumbergen, mit einem Tablett daneben, auf dem Käsehäppchen oder andere Kleinigkeiten standen, die ich während des Badens naschen konnte. Dazu noch ein gutes Buch – traumhafte Sache, besonders in der Winterzeit ...« – Tanja

»Mir hat es gutgetan, weiterhin auf Bewegung zu achten. Zu Beginn war ich walken und mit zunehmendem Umfang bin ich jeden Tag spazieren gegangen oder ein paar Mal in der Woche ins Schwimmbad«. – Mirke

Ein Wort an die zukünftigen Väter

Das werden unsere Männer doch verstehen, oder? Ich hoffe, Ihr Mann liest ebenfalls das gesamte Buch – schließlich ist das Kind ja Ihre gemeinsame »Produktion«.

Folgende Zeilen sind an die Männer gerichtet: Ich persönlich schätze es, wenn ein Mann, gerade während der Schwangerschaft seiner Frau, besonders rücksichtsvoll und zuvorkommend ist. Dadurch fällt es der Frau leichter, diese Zeit zu akzeptieren, ja sogar zu genießen. Nehmen Sie Ihrer Frau die schweren Arbeiten ab! Es darf einfach nicht sein, dass eine schwangere Frau schwer hebt oder arbeitet. Die Schwangerschaft übt mehr Einfluss auf Ihre Frau und auf das ungeborene Leben aus, als Sie vielleicht zunächst angenommen haben. Ihre Liebe und Ihre Fürsorge wird es beiden leichter machen.

Sehr geholfen hat mir, dass sich Eberhard gegenüber allen medizinischen wie auch persönlichen Fragen zur Schwangerschaft aufgeschlossen zeigte. Er hat mir immer geduldig zugehört und Mut gemacht. Sein Mitdenken hat mir Sicherheit gegeben und manche aufwallende Einsamkeitsgefühle im Keim erstickt. Er hat auch immer dafür gesorgt, dass ich meine Ruhezeiten hatte, ganz besonders meinen Mittagsschlaf, und sich viel Zeit für die übrige Kinderschar genommen. Das hat ihn eine gehörige Portion Mehrarbeit und Arbeitsumverteilung gekostet.

Ermutigend war, dass wir die Entbindungen zusammen durchgestanden haben. Bei der Geburt unserer ersten Kinder war das tatkräftige Mitwirken des Ehemannes noch keine Selbstverständlichkeit. Eberhard musste regelrecht darum kämpfen, dabei sein zu dürfen. Ganz gleich, wo er sich befand – sobald die Wehen regelmäßig wurden, jagte er, wenn es sein musste, durch ganz Deutschland, um mir beruhigend und betend die Hand zu halten, auch wenn es manchmal schien, dass seine Augen ängstlicher flackerten als meine.

Einen ganz besonderen Service wage ich kaum zu erzählen, in der Sorge, dass die Mütter zu hohe Erwartungen an ihre Männer stellen könnten: Jede Nacht legte er mir mehrmals das Baby an die Brust. In unserer Ehe bin ich glücklicherweise diejenige, die den ganz tiefen Schlaf hat. Es gibt kaum etwas Schöneres, als im Halbschlaf liebevoll ein Baby untergeschoben zu bekommen und das genüssliche Schmatzen und Ziehen zu hören und zu verspüren. Zum Ausgleich habe ich den kleinen »Trunkenbold« nach dem Stillen gewickelt, aber diese Arbeitseinteilung war für mich sehr wohltuend. Das wird nicht jedem Mann leichtfallen, besonders in einer anstrengenden Arbeitswoche. Aber wie wär's mit solch einem Dienst zum Beispiel am Wochenende, wenn Sie nicht so früh aufstehen müssen? Ihre Frau wird ganz glücklich sein, wenn sie auch einmal ausschlafen kann!

Aber ein Mann kann sich auch noch etwas anderes zur Entlastung einfallen lassen. Ein Urlaub in den ersten Tagen oder Wochen nach der Entbindung kann vieles erleichtern, sodass sich Mutter und Neugeborenes, gerade wenn auch noch Geschwisterkinder da sind, besser aufeinander einspielen können. Oder eine Hilfe, die für die ersten Monate die groben Putzarbeiten abnimmt. Übrigens: Das, als Gutschein zur Entbindung präsentiert, wird einen großartigen Eindruck hinterlassen. Sie werden vielleicht zum Vater des Jahres ernannt!

Überlegen Sie auch gemeinsam mit Ihrem Mann, wie Sie die gesetzlich geregelte *Elternzeit* gestalten wollen. Nach der

Stichwort »Elternzeit«
www.bmfsfj.de
www.bundesregierung.de
www.familien-wegweiser.de

neuen Regelung kann die Elternzeit von Mutter oder Vater oder auch von beiden nacheinander in Anspruch genommen werden. Ein Beratungsgespräch im Bürgerbüro Ihrer Gemeinde kann von Vorteil sein.

Praktische Vorbereitung auf das Kind

Was braucht ein Neugeborenes, um glücklich zu sein? Nicht viel, habe ich im Laufe der Jahre festgestellt.

Dem kleinen Säugling ist es letzten Endes egal, wie sein Kinderzimmer aussieht, beziehungsweise, ob es überhaupt eins hat. Er braucht in erster Linie Nahrung, Wärme und Geborgenheit. Das ist das Wichtigste! Es ist noch nicht einmal von Bedeutung, wie das Bettchen aussieht, ob es ein schickes, neues Modell ist oder eine uralte Wiege. Hauptsache, das Kind kann in Ihrer Nähe sein und Liebe und Geborgenheit spüren. Manche Eltern sind in den Äußerlichkeiten ganz groß und geben eine Menge Geld aus, versäumen aber das Wesentliche, auf das es nun wirklich ankommt.

Wenn es Ihr erstes Kind ist, dann machen Sie sich für die ersten Lebensmonate nicht zu viel Gedanken. Der Säugling braucht noch kein eigenes Zimmer oder gar seine Spielecke im hinteren Winkel der Wohnung. Zunächst brauchen Sie einen Wickeltisch, einen gemütlichen Platz zum Stillen und ein Bettchen. Damit hat es sich für den Anfang.

Selbst unter beengten Wohnverhältnissen kann man sich etwas einfallen lassen. Wir kennen Ehepaare, die haben ihr Ehebett auf ein Podest gestellt und darunter die Wickelecke eingerichtet und das Babybett aufgestellt. Eine andere Mutter hat ihr Baby in einen normalen Weidenkorb gelegt und ihn an Seilen an der Decke aufgehängt. In den verschiedenen Zimmern brachte ihr Mann Haken an der Decke an, sodass sie das Kind bei ihrer Hausarbeit mitnehmen konnte. Es gibt auch sogenannte Babywippen, in die man ein kleines Kind gut hineinlegen und von Zimmer zu Zimmer mitnehmen kann. Allerdings noch nicht in den ersten Wochen.

Da unser Haus ziemlich groß ist, hatte ich in den verschiedenen Etagen Kuschelecken mit Spielsachen auf einem Matratzenlager eingerichtet, wo ich das Baby, wenn ich es nicht in der Wippe bei mir hatte, in Hör- und Sichtkontakt absetzen konnte.

Mit zunehmendem Alter braucht ein Kind sicherlich seinen eigenen Platz, aber ein eigenes Zimmer benötigt es in den ersten Monaten nicht. Es will bei den Eltern sein. Fängt es dann später zu spielen und zu krabbeln an, dann macht es das ohnehin lieber zu den Füßen der Mutter als in einem extra dafür eingerichteten Kinderzimmer.

»Bei unserem zweiten Kind hatte ich eine Art Wäschekorb mit Rädern angeschafft, den ich überall mitrollen lassen konnte. Das funktioniert natürlich nur, wenn man nicht auf mehreren Etagen wohnt.« – Katharina

Bereiten Sie sich auf die Entbindung vor

Für mich als Frau war es auch wichtig, dass ich mich Schritt für Schritt auf die Entbindung einstellte. Als ich mein erstes Kind erwartete, war ich noch sehr jung. Angst hatte ich wenig, freute mich unbändig darauf, endlich den »Wurm« im Arm zu halten, aber ich wusste auch nicht so recht Bescheid, wie alles ablaufen würde. Logischerweise konnte ich die folgenden Schwangerschaften und Geburten viel mehr genießen. Bei den ersten Entbindungen konzentrierte ich mich hauptsächlich auf meinen Körper, während ich mich bei den späteren mit großer Vorfreude auf das Kind einstellte. Je mehr man über den Ablauf einer Entbindung weiß, umso sicherer und entspannter fühlt man sich. Ich hatte meistens sehr schmerzhafte und lang andauernde Entbindungen, aber diese Einstellung half mir. Die Freude auf das Kind war größer als der Schmerz, der vorher durchlitten werden musste.

Es ist auch sehr hilfreich, wenn eine Frau sich eine *Hebamme* aussucht, sie vorher kennenlernt und sich mit ihr unterhält. Hebammen sind Fachfrauen für Schwangerschaft, Geburt, Säuglingspflege und Wochenbett. Bei einer ambulanten Geburt (aber auch nach einer Klinikgeburt) kommen sie für zehn Tage täglich nach Hause. Hebammen sind die besten Ansprechpartner fürs Stillen und können viele gute Ratschläge geben. Meine ersten zwei Kinder habe ich bei einer älteren Dame zur Welt gebracht. Bei den letzten vier Kindern hatte ich eine Freundin als Hebamme. Das waren sehr schöne Erlebnisse.

Deswegen möchte ich Sie auch ermutigen, ruhig sorgfältig und hartnäckig nach einem geeigneten Krankenhaus und einer guten Hebamme zu suchen. Sie haben ein Recht darauf. Heutzutage stehen die Babybettchen auch in der Klinik glücklicherweise bei der Mutter und sie kann jederzeit ihr Baby in den Arm nehmen. Das war bei meinen ersten Geburten noch nicht die Regel.

> Stichwort »Hebammenhilfe«
> www.hebammensuche.de
> www.rund-ums-baby.de

»Mein Tipp: Vorher Freundinnen mit Kindern ausfragen, welche Hebammen sie hatten und welche Erfahrungen sie mit ihnen gemacht haben, vor allem, wie diese die Kurse durchführen. Dabei lassen sich viele schon im Vorhinein aussieben ...« – Tanja

Krankenhaus oder Hausentbindung?

Ab meinem dritten Kind bin ich nur für eine Nacht im Krankenhaus geblieben, dann bin ich nach Hause gegangen. Meine Freundin, eine Hebamme, hat mich weiter betreut. Das habe ich als sehr schön empfunden. Andere genießen es, sich ein paar Tage im Krankenhaus versorgen zu lassen und weit weg vom eigenen Haushalt zu sein.

Manche schwärmen auch von einer Hausentbindung. Ich persönlich bin da etwas zurückhaltender. Erstens ist es gar nicht so einfach, einen Arzt zu finden, der dazu bereit ist, und zweitens: Was tun, wenn sich doch plötzlich Komplikationen einstel-

Stichwort »Geburtshaus«
www.geburtshaus.de
(Verzeichnis aller Geburtshäuser mit eigener Homepage)
www.hebammensuche.de

len? Einer Mutter, die gerade ihr erstes Kind erwartet, würde ich eine Hausentbindung nicht empfehlen. Einfach, weil sie noch gar nicht wissen kann, wie sie eine Entbindung durchstehen wird. Fragen Sie am besten Ihre Hebamme, wie sie es einschätzt!

Es gibt auch die sogenannte ambulante Entbindung: Man entbindet im Krankenhaus, bleibt dort bis der gesamte Geburtsvorgang abgeschlossen ist, also mindestens drei Stunden bis nach der Entbindung, und darf dann nach Hause.

Meine Lösung, auf jeden Fall eine Nacht im Krankenhaus zu bleiben, halte ich für widerstandsfähige und ungeduldige Frauen wie mich am günstigsten. Mir war es, um des Babys willen, einfach zu riskant, gleich wieder zu entfleuchen.

Seit Neuerem gibt es auch die sogenannten *Geburtshäuser*. Das sind selbstständige außerklinische Einrichtungen, in denen Schwangere schon während der Schwangerschaft von kompetenten Hebammen begleitet werden und dort auch ihr Kind zur Welt bringen können.

»Beim ersten Kind war ich im Krankenhaus und von der etwas sterilen Atmosphäre und dem ständigen Schichtwechsel der Hebammen etwas abgeschreckt. Beim zweiten Kind bin ich in ein Entbindungsheim gegangen, wie genial: Die ganze Zeit von derselben Hebamme umsorgt werden, hinterher drei Tage persönliche Betreuung genießen, auch der Kinderarzt kam zur

Untersuchung dorthin. Beim dritten musste ich wegen Komplikationen wieder ins Krankenhaus und war dankbar für die medizinischen Möglichkeiten, die meinem Kind (trotz oder gerade wegen des Kaiserschnitts und einem Aufenthalt auf der Frühchenstation) einen guten Start ins Leben ermöglichten.« – Katharina

»Gerade bei der ersten Geburt war ich so ängstlich, dass ich mir nicht hätte vorstellen können, gleich danach nach Hause zu gehen. Ich war dankbar für die Hilfe, die ich beim Stillen bekam, auch noch nach zigmal Anlegen. Im Nachhinein war ich dankbar dafür, mich für das Krankenhaus und gegen eine ambulante Entbindung entschieden zu haben: Mein Sohn litt unter starker Gelbsucht und musste sogar in den Kasten unter die UV-Lampe. Wäre ich gleich nach Hause gegangen, hätte ich David wahrscheinlich alleine ins Krankenhaus zurückgeben müssen.« – Tanja

Eine erfolgreiche Strategie

Wahrscheinlich haben Sie schon entdeckt, dass ich neben Gebet und Gottvertrauen auch davon spreche, eine optimistische Einstellung zu unserem Körper, zu den Kindern und selbst zu schlaflosen Nächten zu bewahren. Das liegt einfach daran, dass ich es mir zu meinem Lebensprinzip gemacht habe, Dinge, die nicht zu ändern sind – und dazu können ein geschwächter Körper oder wenig Schlaf gehören –, zu bejahen und von der positiven Seite zu sehen. Ich habe mir vorgenommen, über Umstände, die nicht zu beeinflussen sind, möglichst wenig zu klagen. Ich will sie akzeptieren, denn ich weiß, dass sie vorübergehen, selbst wenn es einmal länger dauern sollte. Gerade deshalb bemühe ich mich, mir in solchen schweren Zeiten etwas Gutes zu gönnen und Zeit zum Gebet wie auch für mich selbst zu finden.

In Situationen, die ich beeinflussen kann, versuche ich, einen Ausweg zu finden. Aber manche Dinge können wir einfach nicht ändern. Dazu gehören eine Schwangerschaft, eine schmerzhafte Entbindung und auch schlaflose Nächte. Ich betone das so sehr, weil die Haltung einer Mutter Einfluss auf das seelische Wohlbefinden des Säuglings hat. Bleibe ich gelassen, wird das Kind meine Ausgeglichenheit und Lebensfreude verspüren. Wenn ich allerdings immer nur jammere, stöhne und sauer bin, weil ich zum Beispiel nur zwei Stunden Schlaf hatte, so wird sich auch das auf das Kind auswirken – und die Unausgeglichenheit von Mutter und Kind wird sich gegenseitig hochschaukeln.

»Bei unserem ersten Kind musste ich erst lernen mit Schlafmangel auszukommen, ohne mir den ganzen Tag vermiesen zu lassen. Mitunter trug ich eine regelrechte Wut in mir. Dafür konnte unser Sohn doch nichts. Im Mutterleib gibt es keinen Tag-Nacht-Rhythmus, deshalb musste er sich auch daran erst gewöhnen. Wenn ich heute zurückblicke, bin ich überzeugt, dass es ihm und mir viel besser getan hätte, wenn ich gelassener geblieben wäre.« – Jana

»Ich habe bewusst positiv von meiner Schwangerschaft und dem Leben mit dem Baby gesprochen – gerade weil viele (junge) Frauen Angst oder Bedenken vor einer Schwangerschaft und Geburt haben und sich leider auch viele ›Grusel- und Jammergeschichten‹ anhören müssen. Das hat auch mir selbst geholfen, lebensfroh an die Sache ranzugehen und nicht nur auf das Beschwerliche zu schauen.« – Mirke

Das erste halbe Jahr

Worauf es ankommt

- Die ersten Wochen nach der Geburt können kritisch werden. Ihr Körper muss sich erholen, Ihr seelisches Gleichgewicht sich stabilisieren, und alle müssen sich an die neue Situation gewöhnen.
- Mit der richtigen Einstellung und einer entsprechenden Anleitung wird fast jede Mutter stillen können. Stillen ist das Beste, was Sie für Ihr Neugeborenes tun können! Falls gesundheitliche Einschränkungen oder andere Gründe gegen das Stillen sprechen – nehmen Sie es gelassen! Auch Fläschchenkinder werden groß und gedeihen gut.
- In den ersten vier bis sechs Lebensmonaten kann ein Baby kaum durch zu viel Fürsorge verwöhnt werden! Denn jetzt lernt ein Kind die so existenziell notwendige Urgeborgenheit. Dazu gehören eine friedvolle Umgebung, viel Körperkontakt, liebevolle Worte und ein uneingeschränktes Eingehen auf die Bedürfnisse des Neugeborenen.
- Ein Neugeborenes schreit, weil ein existenzielles Bedürfnis vorliegt. Lassen Sie es grundsätzlich nicht über eine längere Zeit schreien. Trösten Sie es, und finden Sie die Ursache heraus.
- Kommunikation ist von Anfang an wichtig! Sprechen Sie viel mit Ihrem Baby, es kennt Ihre Stimme bereits aus der Zeit in Ihrem Bauch. Es versteht die Worte zwar noch nicht, aber sein Gehirn wird auf diese Weise für die Muttersprache trainiert.
- Ein Baby möchte sich dort aufhalten, wo der Rest der Familie ist. Nehmen Sie den Säugling mit sich, auch bei der Hausarbeit. Erzählen Sie ihm etwas, singen und scherzen Sie mit ihm.

Ein neuer Lebensabschnitt

Endlich halten Sie den kleinen, zerbrechlichen Schatz in Ihren Armen. Das hat einige Mühen und Schmerzen gekostet, aber die sind jetzt vergessen! Ein neuer Lebensabschnitt beginnt – für das Baby, für Sie und für Ihre Ehe. Ihr Alltag wird sich gehörig verändern. Uneingeschränkt im Beruf weiterarbeiten? Das ist zunächst einmal vorbei, wenn Sie dem Kleinen wirklich Geborgenheit geben wollen! Ungebundenes Eheleben? Hmm, das Baby wird Ihren bisherigen Arbeits-, Freizeit- und Schlafrhythmus tüchtig durcheinanderwirbeln. Stellen Sie sich darauf ein!

Ein kleines Baby macht viel Arbeit, mehr als sich manche von uns vorstellen. Es wird Tage geben, da meinen Sie, das Leben bestehe allein aus Babyfüttern, Windeln wechseln und Herumtragen eines kleinen Schreihalses. Und das manchmal auch noch Tag und Nacht.

»Hilfe! Worauf habe ich mich da eingelassen?«, stöhnen Sie vielleicht.

Nehmen Sie es einfach als eine Herausforderung. Auch dieser Zeitraum ist überschaubar. Ein zufrieden vor sich hin gurrendes Baby, das sich wohlig bei Ihnen einschmiegt und sein ganzes Vertrauen auf Sie setzt, ist diese Mühe allemal wert.

»Heulendes Elend« – muss das sein?

Zunächst einmal müssen Sie sich an die neue Situation gewöhnen. Die körperlichen Umstellungsprozesse bei der Mutter nach der Geburt dauern mehrere Wochen. Sie müssen sowohl Ihre körperlichen wie auch Ihre emotionalen Reserven mobilisieren. Manch eine Mutter schläft zunächst einmal schlecht, hat keinen Appetit und muss ständig um ihre Beherrschung ringen.

Sicherlich haben Sie schon einmal von der sogenannten »Wochenbett-Depression« gehört. Oder Sie persönlich haben so etwas erlebt und waren ganz erschrocken darüber.

Ich kenne das auch. Bei meinen ersten beiden Kindern bekam ich am zweiten oder dritten Tag das heulende Elend. Ich war nicht darauf vorbereitet und ganz erschrocken. Da sollte ich doch glücklich sein, alles überstanden zu haben und ein gesundes Baby in den Armen zu halten – und dann heule ich nur herum. Später habe ich gelesen, dass dies ein »Babyblues«, ein postpartales Stimmungstief war, das bei etwa 80 Prozent aller Mütter circa drei Tage nach der Entbindung auftreten soll. Meist klingt diese Phase nach wenigen Stunden oder Tagen wieder ab. Wenn mir das damals jemand erklärt hätte, hätte ich wesentlich besser damit umgehen können.

»Ich dachte, sobald meine Tochter da ist, laufe ich nur noch mit einem Strahlen durch die Gegend. Stattdessen war ich die ersten Wochen häufig erschöpft und musste heulen. Ich hatte ein richtig schlechtes Gewissen, weil ich mich ja eigentlich freuen sollte!« – Mirke

»Nach der Geburt ging es mir super gut, erst am dritten oder vierten Tag kam der Babyblues. Ich fühlte mich schnell überfordert und konnte nicht mit dem Kleinen allein sein. Zum Glück war es nach etwa fünf Tagen vorbei.« – Esther

Eine richtige *Wochenbett-Depression* ist dagegen sehr ernst zu nehmen. Sie ist im Wesentlichen hormonell oder genetisch bedingt, trifft aber nur 10 bis 25 Prozent der Mütter. Sie kann schon gleich nach der Entbindung oder im Laufe des ersten Jahres nach der Geburt entstehen. Häufige Symptome sind Appetit- oder Essstörungen, Schuldgefühle, große Müdigkeit, Ängstlichkeit, Traurigkeit bis hin zu Angst- und Panikattacken. Wenn Sie so etwas überkommt, dann vertrauen Sie sich bitte jemandem an, zum Beispiel Ihrer Hebamme, dem Haus- oder Frauenarzt. Diese werden Ihre Beschwerden ernst nehmen und können dann eine Behandlung in die Wege leiten.

»Bei meiner dritten Schwangerschaft hatte ich nicht mit Komplikationen gerechnet, umso erschrockener war ich, als ich dann wegen einer drohenden Schwangerschaftsvergiftung ins Krankenhaus musste. Nach fünf Wochen konnte ich mit einem gesunden, wenn auch zu früh geborenen Mädchen nach Hause gehen. Eigentlich sollte jetzt alles in Ordnung sein, aber meine Heulanfälle, die ich bei meinen beiden anderen Kindern nur tageweise hatte, hörten einfach nicht auf, dazu kamen Panikattacken, Herzrasen, das Gefühl, komplett überfordert zu sein. Mein Arzt stellte dann die Diagnose Wochenbettdepression und verschrieb mir viel Ruhe. Zum Glück bezahlen die Krankenkassen in solchen Fällen Haushaltshilfen, die wir ganze fünf Monate in Anspruch nehmen konnten. Nur langsam wurde es besser. Hilfreich waren auf jeden Fall mein Mann, der mich in dieser Zeit unglaublich unterstützte und verständnisvolle Freunde.« – Katharina

Stichwort »Wochenbett-Depression«
www.hallo-eltern.de
www.medizinfo.de

Übernehmen Sie sich nicht

Sie werden feststellen – besonders wenn es Ihr erstes Kind ist –, dass es gar nicht so einfach und leicht ist, sich plötzlich um den kleinen Erdenbürger zu kümmern. Sie werden sich unsicher fühlen und Fragen über Fragen haben. Vielleicht kommen Sie auch nicht so schnell auf die Beine, wie Sie es sich ursprünglich gedacht und erhofft haben.

Ausgerechnet bei meinem letzten Kind, für das ich während der Schwangerschaft so lange gelegen hatte, war ich ruckzuck wieder auf den Beinen, fast, als wenn nichts gewesen wäre. Ich erinnere mich, dass ich bei den anderen Kindern ganz schön lange brauchte, bis ich wieder fit war. Das kann also sehr unterschiedlich sein. Nehmen Sie es, wie es kommt, und planen Sie nicht gleich zu viel ein. Jetzt sollten Sie erst einmal das anfängliche Zusammenleben mit Ihrem Säugling genießen.

Ja, genießen Sie! Auch wenn zunächst einmal die »Zeit der kleinen Augen« kommt. Was wird da manchmal lamentiert und gestöhnt! Aber ich meine, dass dies nicht sein muss. Sie wussten doch schon vorher, dass ein Neugeborenes eine Mutter ganz fordert und sie Tag und Nacht zur Verfügung stehen muss. Lassen Sie alles andere langsam anlaufen. Der Hausputz ist nicht gleich dran. Jetzt kommt es darauf an, dass Sie beide wieder in Gang kommen.

»Vor allem bei unserem ersten Sohn habe ich mich durch andere schnell verunsichern lassen. Als er vier Wochen alt war, wurden wir von Verwandten immer wieder gefragt, ob er denn ›immer noch nicht durchschlafe und immer noch nicht vier Stunden bis zum nächsten Stillen durchhalte‹. Das hat mich sehr unter Druck gesetzt.« – Jana

»Auf den Beinen war ich auch schnell wieder, aber die ersten Tage mit dem Säugling zu Hause hatte ich das Gefühl, man kommt neben Stillen, Wickeln, An- und Ausziehen, Kind baden und Hebammenbesuchen zu absolut gar nichts.« – Tanja

Meine Freundin erzählte mir von einem großartigen Geschenk. Zur Entbindung ihres vierten Kindes erhielt sie von ihren Eltern einen größeren Geldbetrag. Ihre Mutter betonte ausdrücklich: »Mädchen, das Geld ist nur für eine Haushaltshilfe! Damit du es in den ersten Monaten leichter hast.«
Die Idee fand ich so gelungen, dass ich sie hier in der Hoffnung einflechte, dass sie viele Nachahmer findet. Eine junge Mutter braucht zunächst einmal wirklich Zeit für sich und das neue Baby.

»Wir haben Freunden ein Survival-Paket geschenkt, als sie Nachwuchs bekamen. Darin war ein komplettes Essen verpackt. Außerdem kommen auch immer gut an: Ein Gutschein zum Bügeln, Wohnungsputz oder mal den kleinen, wonnigen Schreihals spazieren schieben, damit Mama und Papa sich erholen können.« – Jana

Erste Stillversuche

Den Wert des Stillens muss man heute glücklicherweise nicht mehr so stark verteidigen wie zur Zeit meines ersten Babys Anfang der siebziger Jahre. Das liegt auch darin begründet, dass es wieder »in« ist zu stillen. Deswegen ist die ganze Angelegenheit aber nicht leichter geworden. Manche jungen Mütter haben eine zu romantische Vorstellung vom Stillen. Sie informieren sich nicht richtig und begehen einige grundlegende Fehler. Ist die entsprechende Menge Milch nicht gleich da, geben sie auf.

Stichwort »Stillberatung«
www.lalecheliga.de
www.babywelt.de
www.ichstille.de
www.stillen.de

Ich habe bei meinen sieben selbst geborenen Kindern unterschiedliche Erfahrungen gemacht. Die ersten zwei habe ich trotz großer Mühe nur drei Monate stillen können, dann war keine Milch mehr da. Beim dritten Kind musste ich wegen einer schweren Brustentzündung aufhören. Aber die nächsten habe ich dann jeweils fast ein Jahr stillen können.

So muss es Ihnen natürlich nicht ergehen. Ich bin mir sicher: Hätte mich damals bei meinem ersten Kind eine erfahrene Mutter oder eine Hebamme richtig informiert und immer wieder ermutigt nicht aufzugeben, so hätte es von Anfang an geklappt. Einiges von dem, was ich mühevoll gelernt habe, möchte ich Ihnen weitergeben.

»Ich hatte eine sehr gute Betreuung und eine Hebamme, die mich von Anfang an in meinem Wunsch zu stillen bestärkte. Sie sprach mir Vertrauen in mich selbst zu, ermutigte mich, auch dann durchzuhalten, wenn Samuel stündlich Hunger hatte – und nicht gleich das Fläschchen zu zücken. Dafür bin ich heute, nach dem dritten Kind, sehr dankbar!« – Jana

»Über das Stillen hatte ich mir am wenigsten Gedanken gemacht. Umso froher war ich, nachdem ich von den besagten ›Stillproblemen‹ gehört hatte, dass es bei meiner Tochter neben den anfänglichen Schmerzen problemlos ging.« – Mirke

Nichts geht über Muttermilch

Zunächst einmal zu den medizinisch nachgewiesenen Vorteilen der Muttermilch: Im Vergleich zur Milchfertignahrung besitzt Muttermilch nicht nur ein anderes Verhältnis von Eiweiß, Fett, Kohlenhydraten und Mineralstoffen, sondern ist auch besonders reich an Antikörpern, wodurch gestillte Kinder gegenüber Erkrankungen meist wesentlich weniger anfällig sind. Laut vergleichenden Untersuchungen von gestillten und nicht gestillten Kindern erkrankten im Zeitraum von der Geburt bis zum zehnten Lebensjahr Flaschenkinder häufiger an allen möglichen Infektionen. Die Unnachahmlichkeit von Muttermilch wird von Kinderärzten und Ernährungsberatern immer wieder hervorgehoben. Hinzu kommt die körperliche Nähe und enge Symbiose zwischen Mutter und Baby beim Stillen. (Natürlich können Sie auch beim Fläschchenfüttern dem Baby Nähe und Geborgenheit vermitteln!)

Wer weiß, wie anstrengend ein krankes Baby sein kann, wird diesen Vorteil unbedingt berücksichtigen wollen. Hinzu kommt, dass Sie eine Menge Geld sparen. Milchpulver ist nicht gerade günstig, ebenso der Wärmehalter und das Sortiment von steril zu haltenden Flaschen und Saugern.

Muttermilch passt sich dem Baby an. Mit dem Heranwachsen des Kindes wird sie gehaltvoller. Was die Nahrung betrifft, können Sie letzten Endes nichts falsch machen. Bei der Fläschchenzubereitung kann Ihnen das schon eher passieren.

Zwar ist das Kind auf die Mutter und umgekehrt die Mutter auf das Kind angewiesen, aber dafür können Sie es problemlos überallhin mitnehmen und jederzeit versorgen, was sich insbesondere bei unternehmungslustigen Familien auszahlt.

»Ich habe das Unkomplizierte am Stillen genossen. Man kann immer und überall stillen, braucht keine Fläschchen mitschleppen. Und es ist ein tolles Gefühl, den kleinen Menschen so nahe bei sich zu haben und ihn mit dem Lebensnotwendigen zu versorgen. Das Baby schaut ganz vertrauensvoll in Mamas Augen, ist sehr schnell zu beruhigen und man hat ausgiebig Zeit, dieses kleine Wunder zu bestaunen!« – Jana

Einige Grundregeln zum Thema »Stillen«

Heute weiß man, dass praktisch fast jede Frau ihr Kind stillen kann, wenn sie es will und es von Anfang an richtig angeht.

Schon in der Schwangerschaft können Sie sich aufs Stillen vorbereiten, indem Sie die Brustwarzen und ihre Umgebung abhärten. Dazu sollten Sie die Brust gegen Ende der Schwangerschaft täglich kalt waschen oder duschen und mit einer weichen Bürste massieren.

Nach der Entbindung, möglichst bald nach der Geburt, sollte das Neugeborene zum ersten Mal an der Brust saugen. Nur zu dieser Zeit hält die Mutter in der zuerst gebildeten, gelblichen Vormilch besondere Immunstoffe gegen Infektionen des Säuglings bereit.

Die Milchproduktion wird gefördert, indem Sie Ihr Kind häufig anlegen. Legen Sie deswegen Ihr Baby so häufig wie möglich an, besonders wenn Sie den Eindruck haben, Sie hätten nicht genug Milch. Es wäre ganz verkehrt, in dieser Situation zusätzlich die Flasche zu geben. Ihnen hilft es nicht weiter und Ihr Baby lernt, dass es einfacher ist aus der Flasche zu trinken, und es wird noch unzufriedener. Zufüttern bei Neugeborenen ist für viele Mütter der Anfang vom Ende des Stillens.

Das Neugeborene muss immer dann, wenn es Hunger hat, gestillt werden. Eigentlich ganz logisch. Aber mir hatte man damals leider beigebracht, das Kind nach der Uhr zu stillen, egal ob es schrie oder nicht, frei nach dem Motto: »Schreien stärkt die Lungen!« Woche für Woche hatte ich weniger

Milch. Lassen Sie Ihr Baby entscheiden, wann und wie viel es trinken will – auf jeden Fall in den ersten Lebenswochen. Manche Mütter übersehen, dass ein Stillkind viel schneller verdaut und eventuell nach gut eineinhalb bis zwei Stunden bereits wieder angelegt werden muss. Das ist zunächst einmal anstrengend, aber mit der Zeit klappt es besser und besser, und die Zeitabstände vergrößern sich. Nach einiger Zeit spielt sich oft von selbst ein bestimmter Rhythmus ein. Manches Baby schläft nachts länger durch, einfach weil es in der Wohnung ganz ruhig ist. Sie können auch versuchen, den Schlafrhythmus etwas zu steuern, indem Sie es tagsüber zu den Mahlzeiten wecken, dann schläft es vielleicht länger, wenn es nicht gestört wird, also in der Nacht. Das müssen Sie einfach ausprobieren. Jedes Baby reagiert anders.

Das Baby muss bei jedem Stillen an beiden Brüsten angelegt werden. Dadurch werden beide Brüste in kurzen Abständen zur Milchbildung angeregt. Die erste Brust darf das Baby leer trinken. Nach zehn bis zwanzig Minuten (in den ersten Tagen schon früher) wird es von der Brust gelöst, indem Sie einen Finger zwischen Mundwinkel und Brustwarze schieben. Dann darf sich das Baby an der anderen Brust satt trinken. Auf dieser Brustseite beginnt dann die nächste Mahlzeit. Als ich das verstanden und befolgt habe, bereitete mir das Stillen keine Schwierigkeiten mehr.

Baby und Mutter brauchen zum Stillen Zeit und Ruhe. Bei einem lebhaften Kind ist es ratsam, sich in eine »langweilige« Ecke zu setzten oder sogar den Raum etwas abzudunkeln. Das Stillen fällt schwer, wenn die Mutter nervös, gestresst oder überängstlich ist oder wenn sie sich immer wieder stören lässt.

Nehmen Sie sich also bewusst Zeit zum Stillen! Nun hatte ich ja nach und nach einen immer größer werdenden Haushalt zu führen. Trotzdem lernte ich, die Zwangspause beim Stillen richtig auszukosten. Ganz gleich, was gerade zu tun war, jetzt *musste* ich mir Zeit nehmen. Da war die Versuchung, meine Flaschenkinder mal schnell nebenbei zu füttern oder die fertige Flasche jemand anderem in die Hand zu drücken, viel größer. Das Stillkind konnte mir keiner abnehmen! So fand ich Ruhe, und das Baby kam voll auf seine Kosten.

Manchmal dachte ich:»Ausgerechnet jetzt muss die Kleine kommen!« Aber hatte ich sie erst einmal auf dem Arm und an der Brust, dann genoss ich es. In unserem Spielzimmer stand mein ganz bequemer Stillsessel. Da thronte ich inmitten der spielenden Kinder und lauschte dem zufriedenen Glucksen und Grunzen meiner Jüngsten. Ich habe meist eine Stunde gebraucht, bis das Kind fertig gestillt und gewickelt war. Gewickelt wird normalerweise nach dem Stillen; wenn jedoch der Säugling beim Trinken einschläft, dann wickelte ich ihn zum Munterwerden zwischendurch.

Die ersten sechs bis acht Wochen sind für mich immer die kritischste Zeit gewesen. Das habe ich auch von anderen stillenden Müttern bestätigt bekommen. Wenn man diese Zeit erst einmal überstanden hat, dann ist man aus dem Druck heraus und weiß genau:»Jetzt kann ich so lange stillen, wie ich nur will.«

Ich musste am Anfang auch sehr fürsorglich mit meinen Brustwarzen umgehen. Bei einem Kind hatte ich erste Entzündungszeichen nicht so ernst genommen und bekam eine schwere Brustentzündung, sodass nicht mehr ans Stillen zu denken war.

In den ersten Wochen hatte ich auch den Eindruck, eine sehr volle und auslaufende Brust zu haben. Das ist ein ganz normaler Vorgang. Ein Tipp: Halten Sie die andere Brust zu, während das Kind an der einen Seite trinkt. Nach einigen Wochen wird sich Ihre Brust nicht mehr so prall und fest anfühlen, und Sie können auch wieder einen ganz normalen BH tragen, den Sie zum Stillen hoch- oder runterziehen können. Dann werden Sie sich auch viel wohler fühlen.

Ganz wichtig für eine stillende Mutter ist, dass sie viel trinkt. Das bedeutet, dass Sie über Ihren Durst hinaus trinken müssen – ein bis drei Liter täglich! Das müssen nicht unbedingt kalorienhaltige Dinge sein, Wasser oder Tee reichen aus. Übrigens leiden die meisten voll stillenden Mütter unter Eisenmangel. Lassen Sie dies von Ihrem Arzt überprüfen, und nehmen Sie gegebenenfalls Eisentabletten. Eisenmangel kann eine bleierne Müdigkeit bewirken.

Sie werden bald feststellen, was Sie alles essen dürfen. Manche Säuglinge vertragen keinen Kohl und bekommen schmerzhafte Blähungen. Andere dagegen reagieren auf Orangen oder überhaupt auf Zitrusfrüchte, was sich an einem wunden Po zeigt. Ich machte mit meinen Säuglingen ganz unterschiedliche Erfahrungen. Der eine war empfindlich, und ich musste vorsichtig sein, bei dem anderen konnte ich bedenkenlos essen.

Aber denken Sie daran: Alles, was Sie zu sich nehmen, geht in die Muttermilch. Deshalb sind zum Beispiel Kaffee oder Wein nur in Maßen erlaubt.

Spätestens ab dem sechsten Monat braucht Ihr Kind Zusatznahrung. Manch eine Mutter verkündet stolz, sie stille ihr Baby mit acht Monaten immer noch voll. Dabei übersieht sie, dass das Kleine an Eisenmangel leiden könnte. Spätestens ab dem sechsten Monat hat das Kind nämlich den körpereigenen Eisenvorrat aufgebraucht. Deswegen müssen jetzt unbedingt Gemüse und Fleisch zusätzlich zum Stillen zugefüttert werden. Natürlich kann man auch schon vorher, ab dem vierten Monat, Milchbrei geben.

Wenn Sie in der Öffentlichkeit stillen, so meine ich, sollten Sie darauf achten, dass Sie nicht zu viel aufknöpfen müssen und zu freizügig wirken. Nicht für jeden ist der Anblick einer stillenden Mutter angemessen. Ich habe mich meistens abseits gesetzt, da ist es ohnehin ruhiger, und war grundsätzlich so gekleidet, dass ich nur kurz etwas hochzuschieben brauchte. Eine sehr schöne Gepflogenheit ist es auch, ein ganz leichtes Tuch über Schulter und Brust und das trinkende Kind zu legen.

Wie viel Monate stillen?

Das ist eine heiß diskutierte Frage unter stillenden Müttern. Inzwischen habe ich zu einer persönlichen Meinung gefunden: Stillen Sie Ihr Kind nicht länger als bis zu zehn/zwölf

Monaten. Viele Kinder wollen in diesem Alter auch gar nicht mehr so richtig. Andere gewöhnen sich mit der Zeit so sehr daran, dass die Mutter nicht mehr aufhören darf. Es ist also wichtig, den richtigen Zeitpunkt zum Abstillen zu finden.

Ich bin mehreren Müttern begegnet, die zwei, drei, sogar vier Jahre lang gestillt haben! Aber nicht, weil sie es so großartig fanden, sondern weil sie den Absprung verpasst hatten und nicht wussten, wie sie dann aufhören sollten. Es ist schon ein seltsames Bild, wenn ein dreijähriges Kind angeflitzt kommt: »Mama, ich will trinken!«, und ihr auf der Parkbank die Bluse aufknöpft.

Eine dieser Mütter war absolut fertig. Immerhin hatte sie ja schon fast vier Jahre lang zwei Personen ernährt. In ihrer Hilflosigkeit griff sie schließlich zu einer Hauruckmethode: Sie fuhr zwei Tage ohne das Kind weg. Danach war die Sache »gegessen«. Meine Empfehlung also: Mit circa zehn Monaten langsam abstillen.

Laut ärztlicher Auskunft bringt Stillen ab dem etwa achten Monat keine wesentlichen Vorteile mehr, es raubt lediglich der Mutter zusätzliche Energien. Vom sechsten Monat an sollten Sie darauf achten, die Brustmahlzeiten durch feste Mahlzeiten nach und nach so abzulösen, dass es mit etwa zehn Monaten am Familientisch mitessen kann.

Es gäbe noch viel zum Stillen zu sagen. Mir ging es lediglich um wesentliche, aus der Erfahrung geborene Ratschläge. Weitere Tipps bekommen Sie über die angegebenen Internetlinks.

»Ich habe das Stillen immer sehr genossen, ein bequemer Sessel, ein gutes Buch und dazu ein zufrieden schmatzendes Kind an der Brust, wunderbar! Allerdings musste ich mich sehr disziplinieren, um genug zu trinken, deshalb stand neben meinem Sessel immer eine Flasche Wasser bereit.« – Katharina

»Zu Beginn empfand ich das Stillen als sehr anstrengend: Ich schwitzte dabei, es tat unheimlich weh, und ich brauchte eine große ›Kissenburg‹ bis meine Tochter endlich richtig bereitlag. Zur Entspannung habe ich nebenher Hörbücher gehört. So ging die Zeit auch besser rum. Aber schon nach ein paar Wochen waren wir ein eingespieltes Team und alles ging viel leichter. Jetzt ist das Stillen eine wirklich praktische Sache.« – Mirke

Und wenn es mit dem Stillen nicht klappt ...?

Nun habe ich tüchtig von den Vorteilen des Stillens geschwärmt. Aber was ist, wenn eine Mutter nun wirklich nicht stillen kann – vielleicht aufgrund einer Brustentzündung oder anderer Schwierigkeiten?

Dann sollten Sie umso mehr darauf achten, dem Baby einen intensiven Hautkontakt zu geben und es genauso herzen und an die Brust drücken, wie es mit einem Stillkind geschieht.

Achten Sie darauf, dass das Loch im Sauger klein genug ist, und widerstehen Sie der Versuchung es zu vergrößern oder die nächste Saugergröße zu kaufen. Fläschchen sind manchmal sehr schnell leer, während das Stillen, je nach Babyalter, über eine halbe Stunde dauern kann.

Während des Fläschchengebens sollten Sie sich intensiv mit Ihrem Kind befassen, mit ihm sprechen, scherzen und es streicheln. Geben Sie es so selten wie möglich jemand anderem – außer natürlich dem Vater. Denn das ist ein großer Nachteil beim Fläschchengeben: Stillen kann nur eine, Fläschchengeben jeder.

Stuhlgang und Blähungen

Der Stuhlgang des Säuglings kann eine unerfahrene Mutter in helles Entsetzen stürzen: Einmal ist er grasgrün, ein anderes Mal gelb, dann breiig, flockig, cremig oder flüssig. Mit so etwas rechnet man einfach nicht. Trotzdem hängt es allein von dem ab, was Sie gegessen haben und wie das Kind verdaut. Auch die Menge des Stuhlgangs ist ganz unterschiedlich. Ob nun in jeder Windel ein kleiner Fleck ist oder nur einmal am Tag, vielleicht zweimal in der Woche, ein richtiger Berg – das hält jedes Baby anders, und es ist zumindest bei einem voll gestillten Säugling kein Anlass zur Unruhe.

Ein kurzes Wort zu Blähungen: In den letzten Jahren werden sie bei jungen Säuglingen immer häufiger beobachtet und sind sehr quälend – für das Kind und für die Eltern. Auch ein Stillkind bleibt davon nicht verschont, selbst wenn die Mutter peinlichst genau auf ihre eigene Ernährung achtet.

Häufig treten Blähungen gegen Abend auf, und nichts scheint zu helfen: keine Tropfen und kein Tee. Das kann Eltern in die Verzweiflung treiben! Das Einzige, was dann Linderung bringt, ist Herumtragen, wobei eine entsprechende Trageposition hilfreich sein kann: Manche Babys mögen es, wenn sie bäuchlings auf dem Arm liegen, andere ziehen es vor, in waagerechter Haltung auf dem Rücken durch die Wohnung geschaukelt zu werden. Auch das kreisförmige Streicheln oder massieren des Bauches – im Uhrzeigersinn, bitte! – oder ein warmes Bad kann einen leidenden Schreihals versöhnlicher stimmen.

Diese aufreibende Prozedur kann einem manchmal die halbe Nacht rauben. Aber schreien lassen darf man so ein kleines Geschöpf nun wirklich nicht. Ich habe stets mit gelitten, wenn Mütter mir ihr Leid geklagt haben. Und bei unserem letzten Baby durfte auch ich diese sogenannten Dreimonatskoliken voll auskosten …

Ein Trost bleibt Ihnen: Nach drei bis vier Monaten ist für die meisten die Quälerei vorüber. Aber für diese Zeit braucht eine Mutter einen besonderen Schub Energie.

»Gegen Abend wurde unsere neugeborene Tochter immer sehr unruhig und hatte ihre Schreiphase. Dann habe ich bewusst mit ihr zusammen über die Schmerzen gejammert und ihr so meine Anteilnahme gezeigt. So fiel es auch mir leichter, ihre Gefühle zu verstehen und mich nicht über das Geschrei zu ärgern.« – Mirke

»Wir hatten für diese Zeit bei allen drei Kindern im Wohnzimmer einen Gymnastikball, auf dem mein Mann dann abends, unser Baby im Arm, auf- und abschaukelte.« – Katharina

»Unsere Hebamme wies uns darauf hin, dass es abends nicht ausschließlich Blähungen sind. Vor allem in den ersten drei Lebenswochen haben die Babys eine Menge zu ›verarbeiten‹. Sie sehen, hören und erleben vieles. Und am Ende des Tages ist die Zeit des Verarbeitens dran. Samuel hatte ca. drei Wochen lang eine abendliche Schreizeit von ein bis zwei Stunden. Nachdem wir sichergestellt hatten, dass es keine Blähungen waren, nahmen wir ihn einfach ganz eng auf den Arm (am liebsten mochte er das nackt!) und kuschelten mit ihm.

Hilfreich bei Blähungen kann auch eine Bauchmassage sein. Dafür im Uhrzeigersinn sanft um den Bauchnabel herumkreisen und mit zwei Fingern zum Darm hin ausstreichen. Hier ist es super, eine Hebamme zu haben, die Babymassage anbietet! Das kann ich nur empfehlen!« – Jana

In den ersten Monaten geschieht schon viel

Wo liegen die Unterschiede zwischen einem Säugling, der mit elterlicher Geborgenheit und Liebe aufgewachsen ist, und einem Baby, das dies nicht erfahren hat?

Bei der Aufnahme unserer sechs Pflegekinder habe ich diesen dramatischen Unterschied mehrmals miterleben müssen. Jedes Mal hat es mir einen Stich ins Herz gegeben. Gleichzeitig war es für mich ein Ansporn, gerade diesen Säuglingen die Geborgenheit zu geben, die sie für eine gesunde Persönlichkeitsentwicklung brauchen.

Einmal holten wir ein wenige Monate altes Baby aus einem Säuglingsheim ab. In freudiger Erwartung nahm ich das Kind auf den Arm und – erschrak! Es fühlte sich an wie ein Stück Holz. Steif und verspannt lag der kleine Kerl in meinem Arm, die Stirn kraus und den Blick starr geradeaus.

Nun hatte ich zu dieser Zeit schon eigene Babys geboren und wusste, welche Körperhaltung ein Baby einnimmt, wenn es wohlig auf dem Arm liegt: Haut schmiegt sich auf Haut, alle Glieder hängen entspannt, und aus dem Mundwinkel rinnt der letzte Rest Muttermilch.

Mich schauderte, als ich mir ausmalte, was für unterschiedliche Erfahrungen Kinder schon in den ersten Lebenswochen machen müssen.

Geben Sie Ihrem Kind eine gehörige Portion Nestwärme, Zuwendung und Liebe. Gerade in den ersten Lebensmonaten lernt es die so existenziell notwendige Urgeborgenheit. Dazu gehören eine friedvolle Umgebung, viel Körperkontakt, liebevolle Worte und das Eingehen auf die Bedürfnisse des Neugeborenen.

Eine friedvolle Umgebung

Selbst wenn Sie meinen sollten, Ihr Neugeborenes würde sich ja doch nur fürs Trinken, Schlafen und Verdauen interessieren – innerhalb weniger Wochen entwickelt es sich zu einem aufmerksamen Beobachter. Es dreht den Kopf nach bekannten Stimmen und erschrickt bei heftigen Geräuschen. Ganz gewiss spürt das Baby eine gespannte Atmosphäre, wird unruhig und fängt an zu schreien. Genauso erkennt es eine friedevolle Atmosphäre. Im Halbschlaf hört es die schon aus dem Bauch vertraute Stimme der Mutter, die vielleicht bei der Hausarbeit singt und dadurch ständig signalisiert: »Du bist nicht allein. Ich bin bei dir und für dich da.«

Beten Sie laut für Ihr Kind, segnen Sie es, singen Sie ihm viel vor und tragen Sie den »Frieden des Christus« in Ihre Wohnung.

»Babys reagieren schon früh auf bekannte Stimmen. Timea wurde schon vom bloßen Hören meiner Stimme ruhiger, wenn sie weinte. Lag sie auf dem Wickeltisch, schaute sie mit großen Augen umher und entdeckte ihre Umgebung.« – Jana

»David hatte an seiner Spieldecke immer einen Teddybären, mit dem er schon nach kürzester Zeit rege Gespräche führte. Dieser Teddy war es auch, der das erste Lächeln unseres Sohnes geschenkt bekam.« – Tanja

»Ich fand es ganz erstaunlich, wie schnell das kleine Geschöpf schon anfing die Umgebung um sich herum zu fixieren. Wenn ich mit ihr redete, schaute sie mich ganz aufmerksam an – eine echt gute Zuhörerin!« – Mirke

Körperkontakt

Halten Sie Ihr kleines Baby viel auf dem Arm. Unbewusst legen die meisten Mütter den Kopf des Kindes an ihre linke Brust. So kann es wie zu der Zeit im Mutterleib den gewohnten Schlag des Mutterherzens hören.

Neun Monate wurde Ihr Kind ja in Ihrem Leib bei jedem Schritt hin- und hergewiegt und lebte mit dem Rhythmus Ihres Herzschlages. Deswegen wird es sich nach der Geburt durch das Wiegen im Arm und durch Ihren vertrauten Herzschlag schnell wieder beruhigen, wenn es durch irgendetwas erschreckt wurde.

Sie werden entdecken, dass Sie mehr mit einer Hand tun können, als Sie sich je vorstellen konnten. Ich persönlich habe meine Kinder sehr viel in einem Tragetuch herumgetragen. So verteilt sich das Gewicht des Kindes auf Schulter und Hüfte. Die ganz Kleinen kann man sich auch vor den Bauch hängen. Allerdings sollte man einen ganz kleinen Säugling unter drei Monaten nicht zu viel mit sich herumtragen, denn das schadet der Wirbelsäule.

Kommunikation ist von Anfang an wichtig!

Noch vor wenigen Jahrzehnten meinte man, ein Neugeborenes sei lediglich ein »Instinktbündel«, das gut versorgt werden müsse, aber erst Monate später richtig auf die Umwelt reagieren würde. Aber wie bereits erwähnt, nimmt ein Kind bereits im Mutterleib Stimmungen und Geräusche wahr und ist, wenn es geboren wird, auch voll kommunikationsfähig. In den ersten Lebenswochen ist sein Lächeln zwar noch reflexartig, aber mit sechs bis acht Wochen beginnt es, richtig und unwiderstehlich zu lächeln.

Herzhaft lachen kann das Baby mit etwa vier Monaten. Ab etwa drei Monaten zeigt das Baby auch ein besonders großes Interesse an Ihrem Gesicht und es macht mit Freude und Ausdauer bei »Lallspielen« mit.

»Da kann die Nacht noch so anstrengend gewesen sein, ein kleines zahnloses Lächeln unseres Kindes macht alles vergessen! Mir kamen anfangs Freudentränen in die Augen, wenn unsere Kinder anfingen uns anzulachen, weil sie damit deutlich signalisierten: ›Hey, dich kenne ich doch! Ich mag dich!‹« – Jana

»Unser Sohn hat sich mit dem Lächeln Zeit gelassen, aber wie glücklich waren wir, als er uns dann mit 10 Wochen endlich angelächelt hat.« – Esther

Sprechen Sie viel mit dem Neugeborenen, es kennt Ihre Stimme bereits! Es versteht die Worte zwar noch nicht, aber sein Gehirn wird so für die Muttersprache trainiert. Wenn Säuglinge Erwachsenen beim Sprechen zuhören, spüren sie nicht nur die Zuwendung, sondern ihr Gehirn registriert und speichert die verschiedenen Laute, Rhythmen und Tonfolgen, welche für diese Sprache charakteristisch sind, auf einer Art »geistigen Karte«.

Halten Sie den kleinen Erdenbürger häufig im Arm, schauen Sie ihm in die Augen, sprechen Sie viel mit ihm. Er registriert alles und ist voll dabei!

»Meine Tochter liebt es, wenn ich ihr vorsinge! Schon mit ihren sechs Wochen fing sie an, mich dabei anzustrahlen und ihren Mund mit zu bewegen.« – Mirke

Wie verläuft Sprachentwicklung bei einem Neugeborenen?

Nach der Geburt: Ein Neugeborenes reagiert mit Bewegungen, wenn man es anspricht. Die ersten »Ehe«- und »Uhu«-Laute treten auf. Sie werden Vokalisation genannt. Dabei braucht das Kind seine Stimme mit entspanntem und geöffnetem Mund: Die Laute entstehen wie von selbst.

Zweiter bis dritter Monat: Alle Säuglinge beginnen zu schnalzen. Dabei produzieren sie alle Laute, die ein Mensch mit dem Mund erzeugen kann, auch solche, die in der eigenen Muttersprache nicht vorkommen. Es gibt keinen Unterschied zwischen Kindern viel oder wenig sprechender Eltern, selbst gehörlose Kinder und Kinder gehörloser Eltern lallen und schnalzen anfänglich. Allerdings nehmen bei diesen die Vokalisierungen nach drei Monaten ab. Das heißt, dass alle Säuglinge zunächst einmal von sich aus kommunizieren, dann aber die Zuwendung anderer brauchen, um ihre Muttersprache zu entwickeln. (Das bedeutet aber auch, dass Schwerhörigkeit so früh wie möglich festgestellt werden sollte!)

Nicht schreien lassen!
Zum Erwerb der notwendigen Urgeborgenheit gehört, dass auf die Bedürfnisse des kleinen Babys eingegangen wird. Was das betrifft, sind manche junge Eltern unsicher. Zu meiner Zeit hörte ich Ratschläge wie: »Schreien stärkt die Lungen!« Oder auch: »Das Kind muss von Anfang an Gehorsam lernen.« Dahinter steht oftmals die Sorge, das Kind zu verwöhnen oder zu verziehen.

Aber kleine Babys schreien nie grundlos oder »um zu sehen, was sie erreichen können«. Ältere Kinder setzen ihr Schreien schon eher bewusst ein, um ein bestimmtes Ziel zu erreichen. Das Neugeborene schreit als Reaktion auf bestimmte Reize. Beobachten Sie Ihr Baby aufmerksam – es wimmert, weint und schreit unterschiedlich, oder nicht? Versuchen Sie, seine Bedürfnisse zu erkennen.

Ich bin davon überzeugt: In den ersten vier bis sechs Monaten kann ein Säugling nicht durch zu viel Körperkontakt und Fürsorge verwöhnt werden! Mit der Zeit jedoch wachsen die Fähigkeiten des neuen Erdenbürgers, zum Beispiel die Fähigkeit, eine kleine Verzögerung bis zur Stillung des Hungers auszuhalten oder die Fähigkeit, sich ein Weilchen auf einer Decke zu beschäftigen, bevor es wieder von der Mutter auf den Arm genommen wird. Das sind ganz wichtige Lektionen, die Sie bewusst einsetzen sollten.

Wenn das Kind in das Krabbelalter kommt, sollten Sie allerdings wachsamer sein. Manch einem Krabbelkind blitzt der Schalk so richtig aus den Augen, und es provoziert die ersten Machtkämpfe. Doch dazu kommen wir im nächsten Kapitel.

In den ersten Lebensmonaten würde ich ein Baby grundsätzlich nicht über längere Zeit schreien lassen; damit meine ich, nicht länger als etwa zehn Minuten. Selbst wenn ich den Eindruck hätte, es schreie aus Unmut oder Langeweile, würde ich mich bemühen, es abzulenken. Nun ist ein Babyfon natürlich eine große Hilfe, da man auf Entfernung hören kann, wie es dem Kind geht. Es kann aber auch zur Verführung werden, da man jeden Pieps hört. Auch hier gilt: Nicht gleich beim ersten Seufzer oder unwilligem Gequäke an die Wiege eilen, sondern erst, wenn es ein notvolles Weinen ist.

Ein kleines Baby schreit, weil ein grundlegendes Bedürfnis vorliegt: Es hat Hunger oder zu viel Luft im Bauch und muss aufstoßen. Manchmal muss es auch einfach die vielen Reize des Tages verarbeiten. Manche Babys wollen vor dem Schlafengehen noch einmal kurz an die Brust angelegt werden und schlafen danach schnell und friedlich ein. Möglicherweise ist die Windel voll. Es kann auch unter zu kalten Füßen oder

Händen leiden. Das heißt aber nicht, dass Sie Ihr Kind jetzt warm einpacken müssen, denn wenn es schwitzt, kann es wiederum unzufrieden werden und anfangen zu schreien. Aber vielleicht hilft es, wenn Sie Ihrem neugeborenen Kind eine Wärmflasche an die Füße legen oder die Füße besonders einpacken. Vielleicht gefällt dem Kind auch nicht, wie Sie es hingelegt haben. Fast jedes Kind hat eine bevorzugte Lage, in der es am besten schlafen kann, doch das müssen Sie erst einmal herausfinden. Viele Neugeborene mögen kein zu großes Bett. Sie mögen es kuschelig, wie im Mutterleib. Eine gerollte Decke oder ein sogenanntes Nestchen um das Köpfchen gelegt, kann schon helfen.

»Unsere Tochter mochte in den ersten Wochen die schöne, mit viel Liebe zurechtgemachte Wiege nicht. Meine Hebamme gab mir den Tipp, ein von mir mehrmals getragenes T-Shirt auf die Matratze zu legen, damit es vertraut riecht. Es dauerte nicht lange und schon fühlte sie sich auch in der Wiege wohl und konnte von unserem Ehebett umziehen.« – Mirke

»David wurde im Winter geboren. Meist schlief er wohlig gewärmt auf unserem Arm ein und wurde dann natürlich sofort wach, wenn er in sein kaltes Bettchen gelegt wurde. Also gewöhnten wir uns an, ungefähr eine Viertelstunde vor dem Hinlegen eine Wärmflasche in sein Bettchen zu legen, die wir dann herausnahmen, bevor wir David hineinlegten. So kam er von der Wärme des Arms gleich in die Wärme des Bettes.« – Tanja

Schlaf- und Wachzeiten

Normalerweise ist ein Neugeborenes, aber auch das ein oder zwei Monate alte Baby, in den Wachzeiten zufrieden, wenn es die Mutter sieht oder herumgetragen wird.

Die Wachzeiten sind allerdings von Baby zu Baby recht unterschiedlich. Ein ganz ruhiger Vertreter wird die ersten

Lebenswochen nahezu verschlafen. So ein Kind schläft zum Entzücken der Eltern bald nachts durch, das heißt acht bis zehn Stunden hintereinander.

Andere, recht energiegeladene oder nervöse Babys brauchen weniger Schlaf oder haben kürzere Schlafperioden, insbesondere nach dem Stillen. Das kann sich dann so auswirken, dass sie vier- oder fünfmal am Tag gerade eine gute halbe Stunde schlafen und dann aus Langeweile kräftig krähen. Dummerweise unterscheiden solche Kinder auch nicht zwischen Tag- und Nachtzeiten. Manchmal dauert es bis zu einem Jahr oder auch länger, bis sie endlich durchschlafen.

Allein daran kann man bereits im frühen Säuglingsalter die unterschiedlichsten Persönlichkeitsstrukturen erkennen. Ich kenne beides: die ausgeglichen-schläfrigen, »pflegeleichten« Babys und die unruhigen, quirligen »Raketen«, die uns immer in Atem halten.

Übrigens können Sie ein Baby in diesem Alter gut überallhin mitnehmen. Es ist noch so klein, dass es mit der Tragetasche, dem Autositz oder einem Tragetuch zufrieden ist. Da es eh noch keinen Tag- und Nachtrhythmus hat, schläft es ohnehin wann und wie lange es will. Die Milchquelle bleibt auf diese Weise auch in der Nähe. Wenn die Witterung es zulässt und nicht zu viel Lärm und Unruhe damit verbunden sind – ein lautes Rockkonzert wäre sicherlich kein passender Ort –, dann brauchen Sie auf Außenkontakt nicht zu verzichten.

»Unser erster Sohn schlief tagsüber kaum. Wenn, dann höchstens im Wagen oder im Auto. Jeremia, unser Zweiter, schlief von Anfang an im Vierstundentakt: stillen – vier Stunden schlafen – stillen … Das hat mich zunächst ganz schön verunsichert, und ich stand oft an seinem Bettchen und habe kontrolliert, ob er noch atmet. Dass ein Baby so viel schläft, kannte ich nicht. Nachts schliefen alle unsere Kinder 4-6 Stunden am Stück und steigerten sich dann langsam!« – Jana

»Tamara hat tagsüber im Gegensatz zu ihrem Bruder immer höchstens 30-45 Minuten am Stück geschlafen und war dann erst einmal wieder für 3-4 Stunden wach. Das hat uns ziemlich irritiert, war aber auch durch die verschiedensten Tricks nicht oder nur wenig zu ändern. Sie wollte anscheinend schon damals nichts verpassen. Bis heute ist Tamara eine Kurzschläferin. Obwohl wir sie erst um 19.30 Uhr hinlegen, schläft sie morgens höchstens bis 6.30 Uhr – teilweise tagelang nur bis 5.30 Uhr. Wie beneide ich da Eltern, deren Kinder nachts 12 Stunden am Stück schlafen.« – Tanja

Was macht man nur mit so einem kleinen Geschöpf?

Manche junge Mutter fragt sich: »Wie kann ich mich nur mit einem vielleicht sechs bis acht Wochen alten Kind beschäftigen?«

Ich bin immer viel singend auf und ab gegangen; besonders nachts, wenn das Baby nicht schlafen wollte. Tagsüber habe ich es in den Wachzeiten in Sicht- und Hörweite hingelegt oder eine Weile in einem Tragetuch bei meiner Hausarbeit mit mir herumgetragen. Sprechen und singen Sie viel mit Ihrem Baby. Darüber hinaus können Sie auch leichte Turnübungen machen. Es ist herrlich, wie so ein kleiner Kerl darauf reagiert. Normalerweise bekommen Sie schon

Stichwort »Turnübungen mit Säuglingen«
www.kindergaudi.de
Das Forum zum Kindergaudi gibt eine Menge an Tipps auch für Säuglinge.

vom Krankenhaus Anregungen für »Turnübungen« mit Säuglingen mit, sonst fragen Sie Ihren Kinderarzt. Ein Baby strampelt auch gern ohne Windel. Geben Sie ihm auch dazu Gelegenheit, besonders wenn der Po wund ist. Dann darf es allerdings im Zimmer nicht zu kalt sein.

Hauptsache, immer dabei

Ab ungefähr zwei bis drei Lebensmonaten, wenn das Kleine seinen Kopf in Bauchlage längere Zeit allein hochhalten kann, ist es auch sehr schön, es auf eine Matratze auf dem Boden zu legen. Damals hatten wir in unserem großen Spielzimmer ein Matratzenlager. Dort spielte sich immer viel ab und unser Kleinstes war quietschfidel dabei. Allerdings musste ich gut aufpassen, dass die größeren Kinder nicht aus Versehen zu wild und heftig mit dem Baby spielten. Über die Matratze hatte ich eine Schnur gespannt und verschiedene Dinge darangehängt: Rasseln, kleine Glöckchen und auch ein Mobile. So hatte das Kind immer etwas zum Schauen und Spielen.

Da wir ein größeres Haus haben, hatte ich auf jeder Etage eine Ecke eingerichtet, in der ich mein Baby für eine Weile absetzen konnte. Von dort aus konnte es mich sehen und gefahrlos spielen. Man muss auch nicht immer nur Baby-spielzeug bereithalten. Die Sachen der älteren Geschwister reizen noch viel mehr. Babys spielen mit allem, was sie zwischen die Finger und in den Mund bekommen. Sie müssen nur darauf achten, dass diese Dinge keine Gefahr bedeuten! Achten Sie besonders auf kleine Gegenstände wie Perlen oder Murmeln oder auf scharfkantige Gegenstände. Ansonsten ist es doch herrlich, in den Plastikbausteinen zu wühlen oder auf einem Holz-Auto herumzukauen!

Noch ein Tipp für das Alter, in dem Babys bereits allein sitzen können: Ich habe mir eine Babyschaukel in die Küchentür gehängt. Eine Weile blieb der Säugling schon darin sitzen, während ich schnell die Gelegenheit nutzte, beide Hände zum Arbeiten zu gebrauchen. Ich hatte auch einen Wäschekorb, in den ich es setzte und in dem ich es bei meiner Arbeit von Zimmer zu Zimmer schleppte. Das ist besonders dann vorteilhaft, wenn Babys einen Zwieback kauen: Man hat nicht überall Krümelspuren, sondern alles schön in einem Korb.

Schon ein Baby möchte sich dort aufhalten, wo der Rest der Familie ist. Deshalb sollte es an möglichst vielen Stellen im Haus oder der Wohnung gefahrlose Bereiche für das Jüngste in der Familie geben. Ich hatte zwar stets ein Babyzimmer eingerichtet – einfach als Ruhepol im Trubel unseres Familienlebens –, aber letztlich hat sich das Baby darin nur zum Schlafen und Wickeln aufgehalten.

Es zahlt sich aus, eine Wohnung kindgerecht einzurichten. Im Krabbelalter habe ich ein Gitter vor dem Eingang zur Küche und am Treppenabgang angebracht. Das war für die Größeren niedrig genug zum Hinübersteigen und für die Kleinen hoch genug, um sie vor einem möglichen Unglück zu bewahren. Heute gibt es diese Gitter mit Türen zu kaufen, sodass die Geschwister oder Erwachsenen nicht mehr klettern oder darübersteigen müssen.

Alle Babys sind wachsame Beobachter und begierig zu lernen. Das beste »Lehrprogramm« fürs Leben ist, das Kind am Familienleben zu beteiligen und ihm die Möglichkeit zu geben, die Umwelt weitestgehend ungehindert zu erobern.

»Ich war begeistert von den Tragetüchern. Man konnte sich sein Kind perfekt vor den Bauch schnallen, es hatte die geliebte Enge und Wärme der Mutter, und ich hatte trotzdem beide Hände frei, um etwas im Haushalt zu tun oder auch mit dem älteren Kind zu spielen.« – Tanja

Entwickelt sich mein Kind richtig?

Jede Mutter wird diese sorgenvolle Frage mehr oder weniger stark bewegen. Nach jeder Geburt war meine erste Frage: »Ist alles dran?« – und dann untersuchte ich die winzigen Händchen und Füße. Ich habe mir sagen lassen, dass es fast jede Mutter so macht.

Später kommen Fragen wie: »Warum schläft es nur so lange?« – »Warum schläft es so wenig?« – »Kann es denn nicht besser trinken? Andere Babys sind schon viel größer.« – »Warum lächelt es noch nicht?« – »Wann greift es endlich?«

Die meisten Sorgen dieser Art sind unberechtigt. Es ist verblüffend, wie unterschiedlich Babys schon von Geburt an und wie verschieden ihre *Entwicklungsfortschritte* sind.

Stichwort »Entwicklungsfortschritte«
www.rund-ums-baby.de
www.eltern.de
www.hallo-eltern.de

Lassen Sie sich durch Besserwisser oder durch ständige Vergleiche mit anderen Babys nicht verrückt machen. Wenn Ihnen etwas Sorge bereitet, dann sprechen Sie mit Ihrem Kinderarzt darüber. Lassen Sie grundsätzlich keine der kostenlosen Vorsorgeuntersuchungen ausfallen. Vom Kinderarzt können Sie auch kostenlos einen »Entwicklungskalender« beziehen. In ihm sind die durchschnittlichen Entwicklungsfortschritte recht gut abzulesen.

»Mütter sollten sich bewusst machen, was sie selbst bei anderen auslösen, wenn sie ihr Kind mit dem einer anderen lautstark vergleichen, um das eigene Kind hervorzuheben. Besonders diese Vergleiche zwischen Müttern können einen so unsicher machen.« – Tanja

Vom siebten bis zum zwölften Monat

Worauf es ankommt

- Im zweiten Lebenshalbjahr lernt das Kind wichtige Fertigkeiten wie Krabbeln, Sitzen und manchmal auch schon Laufen.
- Achten Sie auf eine kindgerechte Umgebung. Kinder brauchen einen gefahrfreien Raum zum Spielen und Entdecken und wollen in der Nähe ihrer Eltern sein.
- Für das Krabbelalter sollten Sie die Grenzen weit stecken, damit das Kind die Umwelt unbeschwert entdecken und erleben kann. Wegen Kleinigkeiten würde ich keinen »Drill« beginnen.
- Kinder beginnen nicht an der gleichen »Startlinie«, sondern werden mit unterschiedlichen Temperamenten geboren: Es gibt das »einfache Kind«, das »schwierig zu handhabende« und das »langsam zu erwärmende« Kind.
- Trotz großer pädagogischer Geschicklichkeit wird es immer leichter und schwerer lenkbare Kinder geben. Nehmen Sie jedes Kind so an, wie es ist.
- Jetzt im Krabbelalter besteht die Gefahr des Verziehens. Sie sollten nicht mehr auf jedes Bedürfnis sofort eingehen. Das Kind kann und muss nun warten lernen.
- In dieser Altersstufe sind wenige Erziehungsmaßnahmen angebracht. Kaum etwas, das ein Krabbelkind anstellt, geschieht aus Böswilligkeit oder Rebellion. Drei grundsätzliche Erziehungsmaßnahmen sehe ich: das Kind mit Kommentaren begleiten, Geduld und Beständigkeit üben, das Kind ablenken.
- Für den Typus »schwierig zu handhabendes Kind« wird diese dreifache Strategie nicht ausreichen: Es braucht viel Gelegenheit, sich müde zu toben, wenige Kommandos, dafür bereits eine gewisse Eigenständigkeit, aber auch ein standhaftes, klares Nein, wenn es nötig ist.

Jetzt ist es so weit! Das Kind beginnt zu robben und zu krabbeln. Plötzlich wird die Welt viel größer und interessanter. Es ist nicht mehr so viel auf andere angewiesen, sondern kann Eigeninitiative ergreifen. Nutzen Sie diese Altersspanne! Schaffen Sie in Ihrer Wohnung eine Atmosphäre der Entdeckerfreude. Wenn Krabbelkinder ihre Umgebung ungehindert erforschen können, lernen sie ungeheuer viel.

Bevor Kleinkinder das Sichfortbewegen entdeckt haben, kann eventuell noch eine Phase der Unzufriedenheit vorkommen. Das Liegen und Sitzen wird langweilig, das Kind möchte gern mehr erleben und kann es noch nicht. Ich erinnere mich, wie unser Chris mit sieben Monaten auf der Decke im Garten wie ein Fisch auf dem Trockenen mit Armen und Beinen in der Luft ruderte, einfach nicht vorwärts kam und vor Unzufriedenheit wie am Spieß brüllte. Wir mussten ihn vermehrt herumtragen und ihm behutsam zeigen, wie man die Beine anwinkelt und sich abstößt. Als das klappte, war die Lebensfreude wieder da.

Krabbeln lernen

Im zweiten Halbjahr lernt das Kind wichtige Fertigkeiten wie Krabbeln, Sitzen und manchmal auch schon Laufen. Daran wird oft der Entwicklungsstand eines Kindes gemessen. Bitte keinen »falschen« Ehrgeiz oder unnötige Sorgen! Bei dem einen geht es schneller, bei dem anderen langsamer. Ein Kind, das sich stets frei bewegen kann, wird, seiner Reife gemäß, zum richtigen Zeitpunkt mit dem Krabbeln beginnen.

Natürlich können Sie ein wenig Hilfe leisten. Befindet sich das Kind in der Bauchlage und drücken Sie mit Ihren flachen Händen sanft gegen die Füße, fängt es oft an, sich nach vorne abzustoßen. Dabei können Sie noch mit einem Spielzeug locken. Kapiert das Kind erst einmal, wie es vorwärts geht, robbt es bald fröhlich durch die Wohnung. Jedes Hindernis ist zum Überwinden willkommen.

Die ersten Schmerzen gibt es dann beim Herunterkommen von all diesen Höhen. Jetzt müssen Sie Ihrem Kind zeigen, wie es rückwärts krabbeln kann. Dazu drücken Sie leicht auf seine Schulter. Das müssen Sie sicherlich öfters wiederholen. Aber diese Übung lohnt sich, denn Sie brauchen nicht mehr so viel Angst zu haben, wenn es irgendwo hochklettert.

Kindgerechte Umgebung

Ab dem Krabbelalter wird das Zusammenleben aufregender. Man kann sich und einem lebhaften Kind viel Ärger ersparen, wenn die Wohnung kindgerecht eingerichtet ist.

Manche Krabbler scheinen eine regelrechte Begabung zu haben, Mutters stilvoll eingerichtetes Wohnzimmer in ein Chaos zu verwandeln. Nun hatten wir von Anfang an eine sehr große Familie und mussten darauf noch mehr achten, als es vielleicht eine kleine Familie für nötig hält. Doch kleine Kinder brauchen Freiraum und dürfen nicht zu enge Grenzen gesetzt bekommen. Unser größtes und sonnigstes Zimmer ernannten wir zum Spiel- und Esszimmer. Dort stand unser großer Esstisch, der gleichzeitig zum Basteln und Malen genutzt wurde. Zugleich waren dort all die vielen Spielsachen und ein Kissen- und Matratzenlager zum Toben, Schmusen und Träumen. Wie schon erwähnt, thronte mitten darin mein bequemer Stillsessel. Dort saß ich häufig, trank meine Tasse Kaffee und konnte – während die Kinder zu meinen Füßen spielten – manchmal sogar in einem Buch lesen. Ein kleineres Zimmer musste als Wohnzimmer für die besonderen Gelegenheiten herhalten. Hatten wir Besuch, hielt sich dieser oft lieber zwischen Bauklötzen, Autos und Puppen auf. Vor unserem Hauskreis bauten die Jugendlichen oft erst Bauklotztürme bis unter die Decke, bevor wir sie mit sanfter Gewalt ins Wohnzimmer bugsieren konnten.

Ich habe es als sehr wohltuend empfunden, im Familienzentrum eine gefahr- und schimpffreie Zone zu haben, in der die Kinder treiben konnten, was sie wollten und wir trotzdem beieinander waren. In der Küche habe ich die untersten Schränke umgeräumt und mit Plastikschüsseln, Schneebesen und Ähnlichem gefüllt. Zu den Kochzeiten stellte ich zwar ein Gitter in den Türrahmen, sodass die Kleinen zuschauen, aber mir nicht zwischen die Beine geraten und an den heißen Herd kommen konnten. Aber anschließend kam das Gitter wieder weg. (Zu jener Zeit hatte ich schließlich sechs quirlige Kinder, von denen das älteste gerade vier Jahre alt war!)

Die Idee einer meiner Freundinnen fand ich auch ganz originell: Für ihre Tochter, die nun schon etwas älter war, hatte sie in der Küche eine kleine Kinderküche eingerichtet mit einer niedrigen Arbeitsplatte, Küchenutensilien und Bastel- und Malsachen. Während meine Freundin nun ihrer Küchenarbeit nachging, werkelte die Kleine genauso eifrig in ihrer eigenen »Küche« – und das Zusammenleben lief umso friedlicher.

Kinder brauchen einen gefahrfreien Raum zum Spielen und Entdecken und wollen in der Nähe ihrer Eltern sein. Geben wir ihnen das, kann das Zusammenleben viel spannungsfreier verlaufen. Sie hängen einem dann auch nicht ständig an den Beinen, weil sie meinen, sie würden abgeschoben werden.

»Wir richteten in jedem Raum ein Fach ein, in dem Dinge waren, die unsere Kinder zum Spielen verwenden konnten. Ob das Wäscheklammern, Plastikdosen, Pappbilderbücher, Bausteine oder Ähnliches waren, war egal. Sie hatten die Möglichkeit, überall etwas zu entdecken, während ich mich der Hausarbeit widmen konnte.« – Jana

»Unsere Jungs hatten nie großes Interesse an Steckdosen, unsere einjährige Annika ist da ganz anders. Begeistert nähert sie sich jeder erreichbaren Steckdose, die wir inzwischen mit je einer Sicherung versehen haben.« – Katharina

»Wir haben in der Küche alle Schränke gesichert, lediglich der mit den Töpfen und der mit den Plastikschüsseln etc. waren für David zugänglich. Er hat es geliebt, diese Gegenstände auszuräumen, sein Spielzeug hinein- und wieder rauszuräumen oder Musik mit einem Löffel zu machen, indem er auf allem herumgeschlagen hat. Als sein Bewegungsradius größer wurde, sicherten wir Blumenspaliere an Fäden an der Decke und banden die Stehlampe am Tisch fest, sodass sie nicht umkippen konnten, Blumentopferde sicherten wir mit Nylonstrumpfhosen und drehten Türklinken nach oben, sobald David sie in normaler Stellung selbstständig öffnen konnte – und schon ging alles friedlicher.« – Tanja

Nun ist der Wohnungsbau vielfach nicht gerade kinderfreundlich. Eine kleine Stadtwohnung kann schon Kopfzerbrechen bereiten. Mich hat es immer aufgeregt, dass das kleinste Zimmer für die Kinder ausreichen soll. Aber da können sich findige Eltern durchaus etwas einfallen lassen. Als wir als Studenten mit den ersten drei Kindern noch in einer Zweizimmerwohnung hausten, wurde das geräumige Schlafzimmer zum Kinderzimmer und das andere zum kombinierten Wohn- und Schlafraum. Wenn die Kinder noch klein sind und ohnehin früh schlafen gehen, braucht man bei Platzmangel nicht unbedingt ein »Schlafzimmer«, das den ganzen Tag leer steht. Andere Eltern bauen in hohen Altbauzimmern Schlaf- oder Spielpodeste unter die Decke. Flächen über Türen oder in Dachschrägen werden zu Abstellregalen oder zu einer »Baumburg«. Schaut man sich eine Wohnung einmal aus diesem Blickwinkel an, entdeckt man viele neue Möglichkeiten.

Dort, wo man aus Platzmangel Zimmer nicht umgestalten kann, sollte auf jeden Fall das Wohnzimmer »entschärft« werden. Räumen Sie die kostbaren und zerbrechlichen Dinge aus den untersten Regalen aus, verriegeln Sie Schubladen, und geben Sie dem Kind einen Bereich, wo es seine Sachen aufbewahren kann.

Stecken Sie die Grenzen weit

Eine Mutter sagte zu mir: »Den Aufwand sehe ich nicht ein. Mein Kind soll lernen, mit meinen Sachen sorgsam umzugehen oder die Finger davon zu lassen!«

Das halte ich, grundsätzlich gesehen, auch für richtig –, aber bitte noch nicht in einem Alter von zehn Monaten. Damit können Sie anfangen, wenn Ihr Kind älter als zwei Jahre ist. Ich denke an eine junge Mutter mit einem etwa zehn Monate alten Kind. Sie erzählte, dass ihr Kind ständig zu dem Bücherregal krabbelte und immer an die Bücher wollte.

»Das Kind muss doch lernen, dass es nicht an die Bücher darf, oder? Ich habe ihm jedes Mal welche auf die Finger gegeben, aber es hat nichts genutzt.«

»Sag mal, wie oft krabbelt es denn dorthin?«, fragte ich.

»Na, bestimmt vierzig bis fünfzig Mal am Tag.«

»Und jedes Mal gibt es welche auf die Finger?«

Ich erklärte ihr, dass das nicht gut – und abgesehen davon auch vom Gesetzgeber untersagt – sei, und gab ihr den Ratschlag, das Bücherregal in der untersten Reihe auszuräumen und mit Sachen zu füllen, an die das Kind herandarf. Von einem lebhaften, zehn Monate alten Kind ist es schlicht zu viel erwartet, ein Bücherregal zu meiden. Dieser Erziehungsschritt kann ein Jahr später wesentlich erfolgreicher vollzogen werden.

Ein junger Vater berichtete, dass er die Schale mit den Keksen demonstrativ auf dem niedrigen Wohnzimmertisch stehen ließ und seinem Kleinen, der sich gerade mal an dem Tisch hochziehen und dort hinfassen konnte, mit bösen Blicken und erhobenem Zeigefinger drohte, ja die Finger davon zu lassen. So etwas halte ich in diesem Alter für Quälerei! Der Vater hätte die Schale einfach wegstellen sollen.

Nun gehen Kinder mit Gegenständen recht unterschiedlich um. Testen Sie die Situation erst einmal. Manch ein Krabbelkind lenkt ein, wenn man es ein Buch streicheln lässt und sagt: »Damit musst du ganz vorsichtig umgehen!« Die Beobachtung bestätigt, dass ein Kind, das sonst viel Freiraum hat, solch eine Grenzsetzung eher akzeptiert als ein Kind, das den ganzen Tag nur »Nein, nein, nein!« hört. Bei meinen letzten Kindern habe ich im Wohnzimmer kaum etwas umräumen müssen, selbst Porzellanfiguren konnte ich auf dem kleinen Beistelltisch stehen lassen – sie wurden vorsichtig genommen und wieder hingestellt. Da war selbst ich überrascht.

Aber nicht mit jedem Kind klappt das. Ich rate Ihnen auszuprobieren, wie sensibel Ihr Kind in welchem Alter ist und sich dann darauf einzustellen. Für das Krabbelalter sollten Sie die Grenzen weit stecken, damit das Kind unbeschwert die Umwelt entdecken und erleben kann.

Ermöglichen Sie es Ihrem Kind auch, dass es draußen seine Entdeckungsreisen auf allen Vieren machen kann, selbst wenn das heißt, jeden Tag drei Hosen zu waschen und ein ausgiebiges Bad vorzunehmen.

Wegen Kleinigkeiten würde ich bei einem Krabbelkind auf keinen Fall einen »Drill« beginnen. Das würde ich mir für die gefährlichen und wirklich wichtigen Bereiche aufsparen. Zieht es sich zum Beispiel am Tischbein hoch und zerrt es an der Tischdecke, um herauszufinden, was dort oben zu sehen ist, würde ich schnell die Vase vom Tisch nehmen und keinen Machtkampf beginnen: »Lass die Tischdecke los. Ich habe dir gesagt, nimm die Finger weg!« Soll es doch sehen, was drauf ist. Dieses Verhalten ist keine Rebellion, sondern pure Neugier und Entdeckerfreude – und das sollten wir doch letzten Endes unterstützen.

Jedes Kind ist anders

Haben Sie erst einmal mehrere Kinder, werden Sie entdecken, wie unterschiedlich sie sind. Das merken Sie schon im frühen Säuglingsalter an der Art wie sie trinken, wie sie schlafen und wie häufig sie schreien. Es gibt die ganz genügsamen und zufriedenen, aber auch die ungeduldigen und lebhaften, die das ganze Haus zusammenschreien, wenn ihnen etwas nicht passt.

Im Krabbelalter werden die *Persönlichkeitsunterschiede* noch deutlicher. Der eine scheint eine Rakete in der Windel zu haben, die ihn immer dort hinsteuert, wo er nicht hin soll. Der andere fängt aus Bequemlichkeit noch nicht einmal an zu krabbeln, sondern sammelt seine Kräfte, um dann irgendwann sofort zu laufen.

Ihr kleines Mädchen betastet die Gegenstände im Regal vielleicht behutsam, während ein kleiner Besucher sie in der Hand zerdrückt und von sich wirft. So unterschiedlich hat Gott die Menschen geschaffen – sicher auch, damit es im Familienleben nicht zu langweilig wird und wir uns immer wieder neu auf das nächste »Exemplar« freuen können.

Drei Temperamentstypen

Kinder beginnen weder an der gleichen Startlinie noch kommen sie als ein »Stück weißes Papier« zur Welt, um dann von der Umwelt beschrieben zu werden. Zweifellos übt die Umwelt einen starken Einfluss auf die Persönlichkeitsentwicklung aus, aber es ist falsch zu meinen, dass der Mensch hauptsächlich durch Umwelteinflüsse geformt wird. Diese einseitige Festlegung trifft nicht zu, weil sie den Eigenwillen des Menschen und genetisch bedingte Temperamentsunterschiede nicht berücksichtigt.

In einer amerikanischen Studie, die als *New York Longitudinal Study* bekannt geworden ist, weisen die Autoren Chess und Thomas auf drei häufig auftretende Kombinationen von Temperamentsanteilen hin, in die man die meisten Kinder einordnen kann.[1] Ihre Beobachtung bestätigt, dass Babys sich nicht nur von Geburt an deutlich unterscheiden, sondern dass diese Unterschiede auch während der Kindheit erhalten bleiben.

In der Auswertung ihrer Langzeitstudie beschreiben die Autoren die unterschiedlichen Typen: das »einfache Kind«, das »schwierig zu handhabende Kind« und das »langsam zu erwärmende Kind«.

Am leichtesten haben es Eltern mit einem weniger temperamentvollen einfachen Kind. Es zeichnet sich durch eine vorwiegend positive Stimmung aus. So ein Kind passt sich neuen Situationen und Menschen gut an und entwickelt schnell regelmäßige Schlaf- und Essgewohnheiten. Es lächelt Fremde an und nimmt kleinere Frustrationen mit wenig Gequengel hin.

Eltern, die ein oder mehrere dieser »Vorzeigekinder« in ihrer Familie haben, dürfen sich glücklich schätzen. Meistens wissen diese Eltern jedoch nicht, dass sie ihr Glück nur der Vererbung verdanken und nicht ihren hervorragenden pädagogischen Leistungen. Deshalb neigen sie manchmal dazu, Eltern mit schwieriger zu handhabenden Kindern mit Verständnislosigkeit zu begegnen.

Am entgegengesetzten Ende des Temperamentsspektrums ist das sogenannte »schwierig zu handhabende Kind«. Es ist nicht im eigentlichen Sinne »schwierig«, sondern nur sehr lebhaft mit einem schon früh ausgeprägten eigenen Willen. Typisch für diese Kinder sind unregelmäßige Schlaf- und Esszeiten. Schreiperioden kommen recht häufig vor und sind genauso laut wie ihr Lachen. Frustration ruft typischerweise einen gewaltigen Wutausbruch hervor. – All dies erscheint Eltern natürlich schwierig, obwohl diese Kinder genauso kostbare Persönlichkeiten sind wie die anderen Temperamentstypen.

Das dritte nennenswerte Temperamentsmuster ist das »langsam zu erwärmende Kind«. Diese Kinder reagieren in der Regel eher negativ auf neue Situationen und Menschen. Sie gewöhnen sich nur langsam ein. Im Gegensatz zu Kindern mit einem schwierig zu handhabenden Temperament zeigen diese Kleinen jedoch eher milde als intensive Reaktionen und neigen nicht so stark zu unregelmäßigen Schlaf- und Esszeiten. Wenn sie frustriert oder aufgebracht sind, versuchen sie sehr wahrscheinlich, sich leiser oder mit weniger Gequengel aus der Situation zurückzuziehen, anstatt mit einem heftigen

Wutausbruch zu reagieren. Langsam zu erwärmende Kinder können auch als schüchtern bezeichnet werden, solange man damit nicht Ängstlichkeit und Feigheit meint.

Nicht jedes Kind lässt sich eindeutig in eine dieser Kategorien einordnen, aber doch etwa 65 Prozent, meinen Chess und Thomas. Wachsame Eltern werden diese Beobachtungen bestätigen können. Je größer eine Familie ist, umso mehr staunt man über die Einzigartigkeit und Verschiedenartigkeit der menschlichen Persönlichkeiten. Bei unseren dreizehn Kindern haben wir nicht nur die Ergebnisse eigener genetischer Kombinationen bewundern können, sondern noch sechs weitere dazu. Welch ein Erziehungsauftrag!

Das schwierig zu handhabende Kind

Eltern mit einem oder mehreren temperamentvollen, schwieriger zu handhabenden Kindern brauchen zunächst einmal Ermutigung und die Entlastung, dass es nicht allein ihre Schuld ist, wenn es manchmal recht »munter« zugeht. Zusätzlich benötigen diese Eltern aber auch Tipps für spezielle Situationen. Wer sich mit einem »schwierig zu handhabenden Kind« gut arrangieren kann, gehört zu den wahren Pädagogen!

Ich möchten einige für diese Kinder typische Reaktionen beschreiben und gleichzeitig Tipps zum richtigen Umgang mit ihnen weitergeben.

Fast alle diese Kinder zeichnen sich durch eine hohe Aktivität aus, die allerdings noch im normalen Rahmen liegt und deshalb nicht mit Hyperaktivität verwechselt werden darf.

Schon beim Wickeln müssen Sie sehr wachsam sein. Eine schwungvolle Drehung zur Seite, und schon droht das Energiebündel von der Wickelkommode zu stürzen. Unsere Marie habe ich schließlich, über ihr kniend, auf dem Teppichboden gewickelt. Ihr für ihre Zappeligkeit einen Klaps auf den Oberschenkel zu geben, wie es manche Eltern tun, um ihr Kind zur Ruhe zu bekommen, ist auf keinen Fall die richtige Lösung!

Wenn solch ein Temperamentsbündel etwas älter ist, können lange Autofahrten zur Qual werden. Wir versuchten immer, Maries Schlafenszeiten zu berücksichtigen. Statt nachmittags nach ihrem Mittagsschlaf zu starten, fuhren wir lieber gleich nach dem Essen und hatten dann, während sie schlief, wenigstens ein bis zwei Stunden Ruhe, ehe das Getobe wieder losging. Und dann musste im Auto – oh, wie anstrengend – für Beschäftigung gesorgt und regelmäßig Pause gemacht werden. Sie hätten unsere Kleine mal sehen sollen, wenn wir auf dem Parkplatz anhielten: Wie eine Rakete jagte sie jauchzend den Fußweg entlang, da sah man ihr so richtig an, dass sie sich ihre Energie hinausstrampeln musste.

Alle unerfahrenen, jungen Eltern schauen neidisch auf ein Baby, das nach drei Wochen schon durchschläft, zielstrebig Brust oder Flasche leer nuckelt, sich ohne Protest auf Brei umstellen lässt und dessen volle Windel beinahe vorherzusagen ist.

Diese Prachtexemplare gibt es – aber leider nur sehr selten. Ich wünschte allen Eltern so eins als erstes Kind, damit sie nicht den Mut für weitere Kinder verlieren. Denn das kann wirklich passieren, wenn das erste Baby ein Kandidat mit unregelmäßig biologischem Rhythmus ist. Aber es ist durchaus normal, in den ersten Monaten zwei bis fünfmal nachts aufzustehen und das Baby anzulegen. Manche Babys machen erst nach Monaten einen Unterschied zwischen Tag und Nacht. Sie scheinen lange keinen Rhythmus zu finden.

Das »langsam zu erwärmende Kind«

Das langsam zu erwärmende Kind kann die gleichen Temperamentsanteile aufweisen wie ein schwierig zu handhabendes, nur nicht so ausgeprägt.

Dieses Kind wird bei neuen Personen, in einer fremden Umgebung und bei neuen Erfahrungen immer vorsichtig reagieren, sich eventuell zurückziehen und eine Anpassungszeit brauchen. Es benötigt geduldige, sensible Eltern, da sonst ein schlechtes »Zusammenspiel« entsteht! Akzeptieren seine Eltern diesen Temperamentstyp nämlich nicht und zwingen ihr Kind überstürzt in neue Situationen, so ist es gut möglich, dass das Kind immer zurückhaltender und ängstlicher wird.

Schon als Baby braucht es einige Anläufe, Geduld und Ruhe, bis es anfängt, ein Bad zu genießen oder den ungewohnten Brei zu essen. Es wird auch einige Zeit dauern, bis es zu jemand anders auf den Arm geht oder zu einem neuen Babysitter Vertrauen fasst.

Ein Kleinkind mit guter Anpassungsfähigkeit macht es seinen Eltern leicht. Sie können sich ein recht bewegtes Leben erlauben. Ganz anders, wenn ein Kind auf Änderungen in seiner vertrauten Umgebung eher panisch reagiert. Während wir unsere kleine Marie als Baby überall mit hinnehmen konnten, war ihr gleichaltriger Cousin nicht zu beruhigen, wenn er nur einmal in einem anderen Babybettchen schlafen sollte. Roch er jedoch den vertrauten »Stallgeruch«, entspannte er sich sichtlich. Eigentlich könnte man ja meinen, einem fünf Monate alten Baby sollte es egal sein, wo es schläft, weil es ohnehin nicht viel mitbekommt. Das stimmt aber eben nicht: Auch ein Baby ist schon eine Persönlichkeit! Während wir mit unserer Kleinen fröhlich in den Urlaub fuhren, verbrachten unsere Verwandten den Urlaub im ersten Jahr vernünftigerweise auf »Balkonien«. Der Stress wäre doch zu groß gewesen.

Weil langsam zu erwärmende Kinder vorsichtig und eher misstrauisch sind und leider oft genug gegen ihren Willen zu etwas gedrängt werden, haben viele von ihnen eine überwiegend negative Grundstimmung. Unser schon erwähnter Neffe zog als Baby seine Stirn stets in tiefe Falten, wenn ihm eine fremde Person zu nahe kam.

Stellen Sie sich schon darauf ein, was geschehen wird, wenn Sie später mit Ihrem Schatz zum Spielkreis, in die Kindergruppe oder in den Kindergarten gehen werden. Bis an die Grenze der Peinlichkeit wird Ihr Kleines sich an Sie klammern und betteln, es auf keinen Fall allein zu lassen. Eine resolute

Mitarbeiterin wird Sie vielleicht auffordern, nun endlich zu gehen – und dann schluchzt das Kleine die ganze Kinderstunde hindurch. Was für ein verzogenes Mamakind!

Stimmt das? Nun, in vereinzelten Fällen schon – aber selten, wenn es um den langsam zu erwärmende Typ geht. Eine Antwort auf diese kniffelige Frage fällt recht schwer: »Ist es ein Machtspiel, oder leidet es wirklich?« Wenn Ihr Kind sich in neuen Situationen im Allgemeinen eher zurückzieht, ist es wahrscheinlich kein Machtspiel. Grundsätzlich halte ich überhaupt nichts von Brachialmethoden, wenn es darum geht, ein Kind kontaktfreudiger zu machen.

Es wäre ideal, wenn Sie die ersten Male im Spielkreis ermutigend dabeisitzen könnten. Falls es nicht klappt, nehmen Sie Ihren Zweijährigen wieder mit nach Hause. Lieber ein paar Monate warten als jetzt mit Gewalt vorzugehen und alle bisherigen Fortschritte aufs Spiel zu setzen. Vielleicht müssen Sie auch den Beginn des Kindergartenbesuchs um einige Zeit verschieben.

Eltern, die verstehen, was hinter solch einem Verhalten steckt, können entspannter mit ihrem Kind umgehen. Wenn etwas nicht so wichtig ist oder auf das Kind bedrohlich wirkt, sollten Sie ruhig nachgeben. Ihr Kind merkt dann, dass auf seine Bedürfnisse und Ängste Rücksicht genommen wird. Wenn es wichtig ist, müssen Eltern hartnäckig bleiben: Ruhig auf das Kind einreden und Verständnis für seine Gefühle äußern, kann da helfen. Ihr Kind weiß dann, dass seine Eltern sich nicht beirren lassen.

Eltern müssen lernen, jedes einzelne Kind so zu nehmen, wie es ist, und sich hüten, sie auf negative Art miteinander zu vergleichen. Eltern sollten auch untereinander barmherzig sein. Die Mutter eines »einfachen Kindes« sollte nicht meinen, dass dies allein ihren Erziehungskünsten zuzuschreiben sei, und der Mutter eines »schwierig zu handhabenden Kindes« womöglich Erziehungsnachhilfe geben wollen. Das hat schon sehr tiefe Wunden geschlagen und auch Risse in Freundschaften geschaffen.

Andererseits zeigen die Persönlichkeitsunterschiede, dass es trotz großer pädagogischer Geschicklichkeit immer leichter und schwieriger lenkbare Kinder geben wird und Eltern auch unterschiedlich intensiv auf das einzelne Kind eingehen müssen.

»Unsere zwei Kinder waren von Geburt an total unterschiedlich: David war eher angepasst, gehorchte ohne Probleme und machte auch mit zwei Jahren nur eine sehr schwache Trotzphase durch. Tamara dagegen wusste schon recht früh, ihren Willen einzufordern und zeigte auch mit acht Monaten schon Wutausbrüche, wenn man ihrem Willen nicht nachkam.« – Tanja

»Ich finde es schwierig, den Temperamenten und Bedürfnissen meiner Kinder gerecht zu werden. Schon im Kindergarten hieß es bei Samuel, er sei eben ein ›Eigenbrötler‹. (Was für eine negative Prägung, oder?) Selbst im Verwandtenkreis wird er immer wieder komisch beäugt. Dabei läuft in seinem Kopf unglaublich viel ab, was man gar nicht merkt. Sein Verhalten gibt anderen manchmal Rätsel auf (mir auch!). Und manchmal ist es für mich schwer, abzuwägen, ob für das Fehlverhalten Konsequenz oder Nachsicht ansteht. Auf so etwas wird in Kindergärten oder gar Schule wenig Rücksicht genommen.« – Jana

Gefahr des Verziehens

Im letzten Kapitel sagte ich bereits, dass es wichtig ist, auf die Bedürfnisse eines Säuglings einzugehen. Ein Baby kann in den ersten vier bis sechs Monaten nicht durch zu viel Fürsorge verwöhnt oder gar verzogen werden. Ab etwa dem siebten Lebensmonat sollten Eltern allerdings wachsamer werden. Wenn eine überängstliche Mutter bei jedem »Pieps« an das Bettchen eilt und das Kleine hoch nimmt, dann wird es in dem kleinen Köpfchen bald schalten: »Ich brauche nur ›Pieps‹ zu machen, und schon kommt Mama angerannt. Wie schön!«

Jetzt sollten Sie nicht mehr auf jedes Bedürfnis eingehen, und das Kind sollte schon etwas warten lernen. Manchmal reicht es auch, wenn Sie rufen: »Einen Moment, ich komme gleich!«, und das Kind geduldet sich. Oder wenn Sie es aus dem Bettchen nehmen, dann setzen Sie es hin und sprechen Sie mit ihm, während Sie das Essen vorbereiten. Es ist schon eine ganz schöne Lektion, wenn das Kind aufgrund der Stimme der Mutter oder des Vaters lernt, eine kleine Weile zu warten.

»Sowohl bei Tamara als auch bei David habe ich genau das jeden Tag probiert: Kind aus dem Bett holen, mit in die Küche setzen, mit ihm sprechen und dabei kochen. Beide Kinder fanden diese Prozedur alles andere als befriedigend, weil sie am liebsten weiter getragen worden wären. So habe ich viele Wochen lang beim Kochen mit einem schreienden Kind klarkommen müssen. Und das, obwohl ich so viele tolle Ideen ausprobiert habe.« – Tanja

Humor und starke Nerven

»Welche Erziehungsmaßnahmen sind bei Krabbelkindern überhaupt angebracht?«, werde ich oft von eifrigen jungen Müttern gefragt.

Nun, für Kinder in diesem Alter gibt es nicht viele, die wirklich sinnvoll oder notwendig sind. Das Wenigste, was ein Krabbelkind anstellt, geschieht aus Böswilligkeit oder Rebellion. Es will einfach die Welt kennenlernen. Da kann es auch einmal recht stürmisch zugehen.

Ich denke da an eine Szene mit meiner kleinen Tirza: Ich kam aus dem Bad in die Küche, und da saß sie mitten im Honig! Von oben bis unten vollgeschmiert schaute sie halb amüsiert, halb entsetzt auf ihre verklebten Finger.

Da gibt es zwei mögliche Reaktionen: Sie schimpfen die Kleine aus. Vielleicht sind Sie sowieso überarbeitet, im Bad liegt ein großer Stapel schmutziger Wäsche. Sie haben gerade ausgeschüttete Milch aufgewischt, und jetzt das: Honig überall!

Die andere Reaktion: Sie schicken ein Stoßgebet zum Himmel: »Oh, Herr, hilf mir jetzt!«, und dann beobachten Sie Ihre Tochter. So habe ich es getan. Schließlich musste ich lachen, herzhaft lachen! Es sah einfach zu komisch aus. Das war nun gewiss keine Böswilligkeit gewesen. Tirza wollte einfach wissen, wie sich Honig anfühlt und wie er schmeckt. Dabei ist eben der Unfall passiert. Von nun an wurde der Honig natürlich an einen Platz gestellt, wo ihn Tirza nicht mehr erreichen konnte.

Am gleichen Abend kam ein Bekannter zu uns, und ich erzählte: »Du, Tirza saß heute im Honig...«

»Ja, ja«, meinte er, »so etwas kennen wir auch. Unser Dominique klebte mal im Sirup.«

»Was hast du da gemacht?«, fragte ich, bereichert durch meine Erfahrung.

»Tja, zuerst habe ich überlegt, wie ich reagieren soll. Dann habe ich meine Filmkamera geholt und die ganze Szene gefilmt.«

»Genau«, dachte ich, »so ist es doch richtig. Warum wird immer gleich geschimpft, wenn ein Kind aus Versehen etwas angestellt hat?«

Wir sollten das Leben unserer Kinder mit viel mehr Humor begleiten. Ein paar Wochen später hätte man sowieso darüber gelacht, warum also nicht gleich?

Ich erinnere mich, dass Mirke, als sie gerade das Laufen gelernt hatte, es sichtlich genoss, abends beim Ausziehen fast nackt durch die Wohnung zu flitzen. Nun kann man bei uns schön im Viereck laufen: vom Wohnzimmer durch das Esszimmer, den Flur und die Küche zurück zum Wohnzimmer. Jeden Abend, wenn Eberhard sie halb ausgezogen hatte, entwischte sie ihm und flitzte davon. Er fragte sich: »Was nun? Streng sein oder mitmachen?« Sollte er hinterher schimpfen: »Komm sofort her! Wenn ich ausziehen sage, wird ausgezogen!«, oder sollte er sie laufen lassen? Eberhard entschloss sich für die zweite Möglichkeit. Das ging vielleicht so zwei, drei Minuten, dann hatte Mirke sowieso keine Puste mehr und ließ sich willig in den Arm nehmen und ausziehen. Nach zwei Wochen war der Spaß auch langweilig geworden.

Sind es nicht gerade die Kleinigkeiten, bei denen Eltern unwirsch und genervt reagieren? Lernen Sie, solche Situationen mit Humor zu tragen, aber dafür in anderen, in denen es wirklich darauf ankommt, konsequent zu reagieren.

Eltern lernen an ihrem ersten Kind am meisten. Es ist leider auch das »Versuchskaninchen«. Bei den nächsten Kindern hat sich das Verhältnis zwischen Strenge und Gewährenlassen schon besser eingependelt. Wiederholen Sie nicht die Fehler anderer, sondern zeigen Sie gleich beim ersten Kind eine gehörige Portion Humor und Freude.

»Diese wichtige Lektion umzusetzen, fiel und fällt mir sehr schwer. Mir wurde beigebracht, Kinder hätten zu gehorchen. Besonders brave Kinder gehorchen, ohne dass die Eltern etwas sagen müssen. Leider steckt diese Erwartungshaltung immer noch in mir. Dabei lassen sich schwierige Situationen oft einfacher und schmerzloser lösen, wenn man lachen kann.« – Jana

»David ist lange Zeit grundsätzlich bei der Aufforderung: ›Geh schon mal ins Bad. Wir putzen dir jetzt die Zähne‹ zunächst in unser Schlafzimmer gelaufen und hat sich dort unter die Bettdecke gelegt. Jeden Abend sind wir ihm dorthin gefolgt und haben dabei gefragt: ›Wo ist denn bloß der David? Ich kann ihn nicht finden.‹ Dann haben wir uns vorsichtig auf das Bett gelehnt, auf dem er lag und ihn dabei mit lautem Hallo ›gefunden‹ und ausgekitzelt. Danach ging der Gang ins Bad ohne Murren über die Bühne.« – Tanja

Für das Krabbelalter sehe ich grundsätzlich drei Erziehungsmaßnahmen:
- Das Tun des Kindes mit Kommentaren begleiten
- Geduld und Beständigkeit
- Ablenkung

Mit Kommentaren begleiten

Eltern, die sowieso viel mit ihrem Kind sprechen, geben häufig Kommentare zu den Unternehmungen ihres Kindes. Trotzdem können Sie diese Art der Kommunikation noch stärker betonen.

Ein kleines Kind orientiert sich ständig daran, ob das, was es gerade macht, erwünscht oder unerwünscht ist. Das bekommen Sie schnell an seinem Blick mit. Da robbt es zum Telefon und schaut erwartungsvoll zu Ihnen herüber, so als wollte es sagen: »Na, Mama, erlaubt oder nicht erlaubt?« Jetzt sind Sie an der Reihe. Sie schütteln den Kopf und antworten: »Nein, mein Schatz, das ist nichts für dich.« Ihr Schatz wird darauf reagieren. Daran merken Sie, dass er die Botschaft auch mit neun Monaten schon versteht. Entweder zieht er die Hand zurück oder steuert umso fleißiger auf sein Ziel zu.

Auch jetzt sollten Sie nicht still bleiben. Lenkt Ihr Kind ein, sollten sie es tüchtig loben. Überhaupt ist positive Bekräftigung enorm wichtig. Gerade wenn es etwas richtig macht, sollten Sie es loben: »Das hast du gut gemacht!« Oder: »Wunderbar, wie schön du isst!« Wenn ein Kind etwas richtig macht, sind Eltern geneigt zu schweigen. Doch wenn etwas nicht gelingt, sind sie sehr schnell mit tadelnden Worten zur Stelle.

Trainieren Sie sich, das Tun Ihres Kindes mit Worten zu begleiten. (Wobei manche Eltern beim Loben mehr Einfallsreichtum brauchen als beim Tadel.)

Geduld und Beständigkeit

Zurück zur Szene mit dem Telefon. Lenkt Ihr Kind nicht ein, brauchen Sie Geduld und Beständigkeit. Sprechen Sie nochmals mit dem Kind, gehen Sie zu ihm hin, nehmen Sie es hoch und setzen es einige Meter entfernt auf den Teppich.

»Prima«, denken Sie, »das wäre geschafft!«, und wenden sich wieder Ihrer Zeitschrift zu. Sie haben den nächsten Absatz noch nicht zu Ende gelesen, da ist der kleine Feger schon wieder am Telefon. Nur nicht aufregen, er hat Sie wohl nicht ganz ernst genommen. Sie wiederholen die gleiche Prozedur, wahrscheinlich nicht nur einmal, sondern zwei-, dreimal. Beim dritten Mal fassen Sie ihn ruhig etwas fester an. Er soll merken, dass es kein Spiel, sondern Ernst ist.

Ablenkung

Gleichzeitig sollten Sie sehen, ob Sie Ihrem Krabbler keine Alternative anbieten können. Vielleicht kramen Sie ein Bilderbuch hervor, und schon ist das Telefon mit all seinen Verlockungen vergessen. Sie können aufatmen, weil Sie den kleinen Kampf nicht bis zum Ende durchführen mussten.

Ablenkung ist im Krabbelalter ein legitimes Mittel, um einer unnötigen Konfrontation auszuweichen. Allerdings darf diese Möglichkeit nicht übertrieben werden. Es gibt Eltern, die halten ihrem Kind ständig etwas vor die Nase, um es abzulenken. So ist es auch nicht gemeint! Überlegen Sie bei einer sich anbahnenden Auseinandersetzung, ob die Sache es wert ist, durchgestanden zu werden. Wenn ja, dann bleiben Sie hartnäckig bei Ihrem Nein! Wenn nicht, dann versuchen Sie es mit einer Ablenkung.

Und wenn alles nicht klappt?

Ich bin fest davon überzeugt, dass diese dreifache Strategie bei fast allen Krabbelkindern klappt. Natürlich müssen sich Eltern darin einüben, und ein Kind muss sich daran gewöhnen, dass es so läuft und nicht anders.

Aber ich gebe zu, dass es nicht mit allen Kindern so einfach sein wird. Schließlich sind sie sehr unterschiedlich, wie die bereits zitierte Studie von Chess und Thomas gezeigt hat.

Die meisten Erfolge werden die Eltern mit den »einfachen Kindern« haben. Solch ein »einfaches« Kind wird sich neuen Anforderungen gut anpassen und bereit sein, die »Spielregeln« zu akzeptieren. Erziehen wird eine Freude sein.

Eltern mit »langsam zu erwärmenden Kindern« werden auch durchkommen, aber mehr Mühe haben. Für diese Kinder ist es zunächst einmal typisch, auf eine Anforderung negativ zu reagieren, zu schmollen und sich nur langsam anzupassen. Trotzdem werden Eltern, wenn sie nur den Humor und die Geduld bewahren, mit der oben genannten dreifachen Strategie genauso Erfolg haben. Halten Sie unbedingt durch. Für diesen Typ ist es ganz ungünstig, ständig ausgeschimpft und gedrängelt zu werden. Solch ein Kind braucht viel Körperkontakt, Ermutigung und Beständigkeit, auch eine sich wenig verändernde Umgebung, damit es sich besser orientieren kann und sich wohl fühlt. Es wird auch unwilliger und langsamer lernen als das »einfache Kind« – aber es wird lernen, wenn Sie liebevoll am Ball bleiben.

Doch bei den so richtig unternehmungslustigen und willensstarken Kindern wird diese Strategie manchmal nicht ausreichen. Diese Kinder fordern ihre Eltern ganz.

Wenn Sie noch nicht viele Erfahrungen mit einem willensstarken Kleinkind gemacht haben, dann lassen Sie es sich erklären: Es ist ein Kind, das Sie mindestens dreißig Stunden am Tag in Atem hält! Ein Krabbler, der schneller ausräumen kann, als Sie einräumen können, und höher klettern, als es Ihre Nerven aushalten können. Der alles, und sei es noch so hoch oder noch so gut versteckt, erreicht.

Ich spreche hier schlicht aus Erfahrung. Wir hatten auch so einige tolle, willensstarke Exemplare, die man nie aus den Augen lassen durfte. Wenn Sie am Küchenfenster stehen und Ihren Eineinhalbjährigen zwei Meter hoch auf einer Leiter stehen sehen – da stellen Sie aber einen neuen Sprintrekord auf! Oder zwei Kleine stehen am Zaun und werfen alles, was beweglich ist, in den angrenzenden Bach! Da hat man seine Beschäftigung.

Aber die sogenannten schwierigen Kinder sind auch keine Katastrophe. Inzwischen sind meine erwachsen und feine Kerle. Ein willensstarkes Kleinkind nervt seine Eltern vielfach, aber auf einen willensstarken Teenager, der für gute Werte einsteht, können sie stolz sein.

Wissen Sie, was mich damals, als meine willensstarken Exemplare klein waren, angespornt hat? Ich habe viel für sie gebetet und mir ausgemalt, wie sie einmal als Teenager und Erwachsene ihren starken Willen für gute Dinge einsetzen werden. Denn ein selbstbewusster Mensch, der weiß, was er will, wird besser durch das Leben kommen als ein sich minderwertig fühlendes Mitläuferkind.

So ein zukunftsorientierter Blick für Ihr willensstarkes Kind wird Ihnen helfen, besser auf es einzugehen: »Gott hat eine Berufung für mein Kind, und es ist meine Aufgabe, es mit Gottes Hilfe dafür zu schulen und darauf vorzubereiten!« Dieser Gedanke wird Ihnen helfen, auch ein »schwierig zu handhabendes Kind« zu lieben und richtig mit ihm umzugehen. Beten Sie viel um Frieden und Ausgeglichenheit für das Kind.

Ihre Aufgabe ist nicht, den Willen des Kindes zu »brechen«, wie man es früher einmal gesagt hat. Genauso wenig sollen Sie aber auch nicht den Willen »zügellos« laufen lassen, sondern ihn zu lenken. Doch das ist nicht so einfach!

Willensstarke Kinder sind meistens lebhaft. Deswegen brauchen solche Kinder viel Freiraum und viel Platz zum Toben. Wir haben damals in unserem Spielzimmer eine Tobe-Ecke gehabt. Das war ein Podest zum Springen mit einer Matratze davor, eine Schaukel und ein kleines Klettergerüst. Da war immer mächtig was los, besonders an Regentagen und im Winter, wenn die Kinder nur wenig draußen toben konnten.

Ein willensstarkes Kind darf auch nicht zu sehr gegängelt werden. Es braucht seinen persönlichen Freiraum. Das heißt nicht, dass es tun darf, was es will. Aber es verträgt ein ständiges Gängeln noch weniger als ein »einfaches Kind«.

Üben Sie schon im Krabbelalter Ihres Kindes, wenig Kommandos zu geben und seine Eigenständigkeit zu achten. Wenn

Sie Nein sagen, dann überlegen Sie sich vorher, ob das klug ist. Bleiben Sie dann aber auch dabei, ganz gleich, wie stark Ihr kleiner Kontrahent dagegen protestiert. Das ist natürlich für alle Kinder wichtig, aber umso wichtiger für ein »schwierig zu handhabendes Kind«, das dahin tendiert, ständig einen Machtkampf zu provozieren.

Ihre Strategie für einen willensstarken Krabbler sieht also folgendermaßen aus:

- Beginnen Sie den Tag gut ausgeschlafen und gut gelaunt mit dem Vorsatz, sich durch nichts unterkriegen zu lassen
- Haben Sie eine Vision für die Zukunft Ihres kleinen »Rebellen«, und beten Sie für ihn
- Geben Sie ihm viel Gelegenheit, sich müde zu toben
- Geben Sie wenig Kommandos und achten Sie seine Eigenständigkeit
- Ihr Ja sei ein Ja, und Ihr Nein ein unumstößliches Nein!

»Na ja, das mit dem gut ausgeschlafen ist so eine Sache, mit mehreren Kindern ist der ausreichende Schlaf leider nicht garantiert. Ich muss mich jeden Morgen·entscheiden trotz kurzer Nächte gut drauf zu sein. Zum Glück hat mein Mann seine Arbeitszeiten so gelegt, dass er erst um 8 Uhr aus dem Haus muss, das hilft mir sehr, im Tag anzukommen. Unsere Annika ist so ein willensstarkes Kind, gleichzeitig aber fast immer fröhlich und sehr kontaktfreudig, deshalb versuche ich, immer ein paar andere größere Kinder um sie zu scharen, die mit ihr spielen wollen. Zum Glück gibt es in unserer Nachbarschaft etliche dieser tollen Kinder. Das macht allen Spaß und unsere Kleine ist viel ausgeglichener als allein mit mir.« – Katharina

»Bei Tamara habe ich in Situationen, die jeden Tag zu einem Machtkampf führten, schnell eingeführt, dass sie Entscheidungsfreiheiten hatte. Zum Beispiel gab es eine Zeit lang jeden Morgen beim Anziehen Gebrüll. Tamara tobte und trat, wenn man versuchte, ihr die Kleidung für den Tag anzuziehen. Also begann ich schon, als sie noch recht klein war, damit, ihr zwei Hosen oder Sockenpaare o. Ä. hinzuhalten und sie zu fragen: ›Welches der beiden Kleidungsstücke möchtest du heute tragen?‹ Meist entschied sie sich dann für eins und ließ sich willig anziehen.« – Tanja

Vom zwölften bis zum vierundzwanzigsten Monat

Worauf es ankommt

- Die wesentlichen Merkmale des zweiten Lebensjahres sind das Laufen- und das Sprechenlernen. Der Moment, in dem ein Kind die ersten aufrechten Schritte geht, ist immer ein Familienhöhepunkt. Ebenso die zunehmende Sprachentwicklung. Freuen Sie sich darauf!
- Die Bindungs- und Gehirnforschung bestätigt, dass Sie als Mutter (und danach gleich der Vater) in dieser Lebensphase die wichtigste Bezugsperson für eine gesunde Bindungsfähigkeit und die optimale Entwicklung des Gehirns sind. Verpassen sie dieses »Zeitfenster« nicht! Das wird auch Ihre Entscheidung für oder gegen Kinderkrippe oder Tagesmutter mitbestimmen.
- Alles, was Sie tun, wird dem Kleinen jetzt wichtig. Als ständiger Begleiter und eifriger Nachahmer wird er Ihnen folgen, wo immer Sie hingehen.
- Lassen Sie das Kind mithelfen, und unterstützen Sie alle Selbstständigkeitsversuche: Was ein Kind allein kann, soll es auch selbstständig tun!
- Sorgen Sie dafür, dass Ihr Kind mit anderen Kindern zusammenkommt und mit ihnen spielen lernt. Warten können, verzichten, Gutes tun und abgeben muss geübt werden. Das geschieht im Umgang mit Familienmitgliedern und Spielkameraden.
- Das Kleinkind ist wesensmäßig ein »Lernkind«. Neben der Förderung der körperlichen und kognitiven Entwicklung ist es wichtig, auch die geistliche Entwicklung zu fördern. Dies geschieht vor allem, indem Sie den Alltag mit Gott in Zusammenhang bringen.
- In diesem Alter entwickelt das Kind einen festen Schlafrhythmus, der auch möglichst eingehalten werden sollte. Schlafengehen

muss etwas Schönes sein. Das Ins-Bett-Gehen darf niemals als etwas Bedrohliches oder als Strafe hingestellt werden.

- Irgendwann zwischen zwölf und vierundzwanzig Monaten wird ein Kind die Autorität seiner Eltern herausfordern. Unterscheiden Sie zwischen Freiheitsdrang und Machtspiel! Im Ersten Fall: Bewahren Sie Humor und bleiben Sie großzügig. Im Zweiten Fall: Erfassen Sie die Zügel der Autorität rechtzeitig, denn dies ist ein entscheidendes Alter.

Laufen und sprechen lernen

Das zweite Lebensjahr birgt rasante Veränderungen und Lernprozesse. Von allen Entwicklungen, die ein Kind in den ersten beiden Jahren durchmacht, ist die zunehmende Körperbeherrschung wohl die auffälligste: Vom Liegen über das Sitzen zum Krabbeln und aufrechten Gehen. Parallel dazu erfolgt die Sprachentwicklung! Vor Ihren Augen vollzieht sich ein Wunder: Aus dem sabbernden Baby-Lallen entwickelt sich innerhalb von knapp zwei Jahren eine verständliche Sprache – und das allein durch Zuhören und Nachahmen!

Das ist eine erstaunliche Feststellung: Ein Kind wird später in einem vergleichbaren Zeitraum nie mehr so viel lernen wie in den ersten vierundzwanzig Monaten. Also meinen Sie nicht, Ihr Kind sei ein kleines, süßes, einfältiges Ding, das erst einmal groß werden muss, um überhaupt etwas zu kapieren.

Bei uns war der Tag, an dem ein Krabbler die ersten selbstständigen Schritte machte, stets ein Freudenfest. Alle Familienmitglieder bildeten einen Kreis und riefen »Hurra!«, wenn es ein paar Schritte vorwärts ging, und »Oh!«, wenn der Kleine rücklings auf das Windelpolster plumpste. Hat ein Kind erst einmal die physikalische Gesetzmäßigkeit zum Gleichgewichthalten entdeckt, ist es nicht mehr zu bremsen. Auf geht's, mit neuem Elan wird die Welt in all den Ecken erobert, die vorher nicht so schnell zu erreichen waren.

Die zunehmende Körperbeherrschung ist übrigens nicht in erster Linie das Ergebnis der Übung, sondern der Reifung. Die Nervenbahnen, über die das Gehirn die Muskelbewegungen steuert, und Teile des Gehirns selbst, die daran beteiligt sind, sind bei der Geburt noch nicht vollständig ausgereift. Es hat also keinen Sinn, ein drei Monate altes Kind regelmäßig auf die Beine zu stellen in der Hoffnung, dass es dann eher stehen kann. Erst wenn die entsprechende Reifung vorhanden ist, wird Übung sinnvoll und förderlich.

Fast alle Kinder haben nun auch große Freude am Sprechenlernen. Sie schleppen Bilderbücher an, die Sie mit ihnen anschauen sollen: »Da? Da?« Eifrig patschen sie auf die einzelnen Abbildungen, wollen wissen, wie sie heißen, und sprechen Ihnen die Namen nach. Unermüdlich üben und üben sie, bis das Wort endlich einigermaßen richtig aus dem Mund kommt. Was Eltern jetzt brauchen, ist genügend Zeit, um auf diesen Wissensdurst einzugehen. Ich weiß, was es heißt, wenn der Kleine zum x-ten Mal mit dem geliebten, zerfledderten Bilderbuch kommt und fordert: »Mama, vorlesen!« Ganz ernsthaft wollen und können die Kleinen sich bereits mit Ihnen unterhalten.

So wird Sprechen gelernt: durch Nachahmen und Üben. Selbst, wenn Sie abends nach der Zubettgeh-Zeremonie erschöpft alle Viere im Sessel ausstrecken, ist für Ihren kleinen Sprachkünstler der Tag oftmals noch nicht abgeschlossen. Bis zum Einschlafen übt er noch einmal alle neuen Wörter durch: »Esther schlafen, Mirke schlafen, Papa auch schlafen, Tirza schlafen … Nein, Tirza nicht schlafen!!!« – und schon geht das Gebrüll wieder los.

> »Samuel liebt(e) Bücher. Schon mit ca. einem Jahr verbrachten wir einen Großteil des Tages mit Vorlesen. Er konnte seine Bücher nahezu auswendig und sprach es sich selbst immer wieder vor. Wenn er sich in ähnlichen Situationen wiederfand, wie die Helden eines Buches, gab er wortgetreu das Gelesene wieder. Ich fand es spannend zu beobachten, wie schnell aus einer Sprache, die nur die Eltern verstehen, eine Sprache wird, die auch alle anderen verstehen. Und mit welcher Freude, welchem Eifer unsere Kleinen immer weiter nachfragen, wiederholen und mit großen Augen lauschen – was für ein Wunder!« – Jana

> »Unsere Kinder haben beide damit angefangen, Liedtexte mitzulallen. Bei unserem Gutenachtlied (Müde bin ich, geh zur Ruh …) kamen dann solche Sprachfetzen wie ›Müde bin ich Ruh, schließe Augen zu, Vater, Augen dein, über Bette sein‹ zustande, die uns – auch durch den gleichzeitigen Versuch unserer Kinder, diese Fetzen mit Melodie zu versehen – wirklich amüsiert haben.« – Tanja

Sprachentwicklung im zweiten und dritten Lebensjahr

- *12 Monate*: Um den ersten Geburtstag erzählt ein Kind »Geschichten« mit unverständlichen Worten, aber im Tonfall der Muttersprache. Das erste Wort, das deutlich ausgesprochen wird, lautet in der Regel »Mama« und wird zum Symbol von etwas Angenehmen, wohl auch zur Bitte um etwas Angenehmes. Dann folgen Einwortsätze: Das ist der erste Schritt zur Entdeckung der Sprache als Symbol.
- *Etwa eineinhalb Jahre*: Zweiwortsätze treten auf, die eine ganze Skala von Ausdrucksmöglichkeiten beinhalten.
- *2 bis 3 Jahre*: Die Sätze werden länger. Das Kind gebraucht nun auch immer mehr Wortarten.
- *4 bis 5 Jahre*: Die meisten Kinder sprechen ihre Muttersprache ziemlich perfekt.

Bindung und Gehirnentwicklung bei Babys und Kleinkindern

Als ich eine junge Mutter war, war die Gehirnentwicklung noch gar kein Thema in den Medien. Es gab auch noch nicht die wissenschaftlichen Werkzeuge wie Gehirntopografie oder Pet-Scans, mit denen man heute die Entwicklung und Funktionen des Gehirns genau untersuchen kann. Hinzu kommen noch die Ergebnisse der Bindungsforschung, die zwar schon seit den 1960er-Jahren bekannt sind, aber offensichtlich aus familienpolitischen Gründen in der Öffentlichkeit kaum Beachtung gefunden haben.

Für die gesunde Entwicklung von Kindern und den Umgang von uns Müttern mit unseren Kleinsten sind sie von äußerster Wichtigkeit. Bindungs- und Gehirnforscher werden nicht müde immer wieder zu betonen, dass die frühe Kindheit (insbesondere die ersten drei Lebensjahre) für die Bindungsfähigkeit und eine optimale Entwicklung des Gehirns enorm wichtig sind und dass Versäumnisse kaum wieder gutzumachen sind. In diesen Monaten bzw. Jahren ist die Formbarkeit eines Gehirns am größten. Das Kleinkind braucht in dieser wichtigen Zeit absolut verlässliche, enge und beständige Bezugspersonen, von denen nach wie vor Mutter und Vater die Idealbesetzung sind.

Zunächst einige Gedanken zu den Ergebnissen der *Bindungsforschung.* In der Bindungsforschung gibt es den Begriff der primären Bindung, die ein Neugeborenes idealerweise in den ersten neun Monaten aufbaut. An der Intensität der Zuwendung (Nahrung, Nähe, Augenkontakt, Fürsorge, Sicherheit) wählt ein Neugeborener aus, wer für ihn als primäre Bezugsperson zählt. Mit etwa sechs Monaten steht für ihn fest, wer das ist. Ich wünschte mir, dass Sie es sind. Außerdem können noch zwei bis drei sekundäre Bezugspersonen wie Vater oder Geschwister hinzukommen. Wer Bindung aufbauen will, muss präsent sein und reagieren, wenn das Kind danach verlangt.

Fast alle machen die Beobachtung, dass ein Kind dann mit etwa neun Monaten beginnt zu fremdeln. Das ist ein sehr gutes Zeichen, denn das Baby weiß jetzt genau, wen es kennt und wen nicht. Ein Kleinkind braucht Zeit, um eine Bindung aufzubauen. Nach Aussagen des Bindungsforschers Bowlby müssen Kinder unter zwei Jahren unbedingt eine feste Bezugsperson haben, sonst werden sie traumatisiert. Verlässlichkeit ist für diese Zeit ein ganz wichtiger Faktor. Erst ein Dreijähriger beginnt von außerhäuslichen Beziehungen zu profitieren (natürlich kann sich der Prozess um einige Monate vor- oder zurückverschieben). Dann erst ist die Bindung emotional fest verankert und die Gehirnentwicklung so weit fortgeschritten, dass das Kleinkind Umstände kognitiv (vernunftgemäß) analysieren und verbal ausdrücken kann, wie ihm zumute ist. Die gleichlautende Botschaft aller Bindungsforscher ist demnach: »Eine gute Beziehung zu den Eltern in den ersten drei Lebensjahren ist die beste Prävention gegen psychische Störungen,

Suchtmittelabhängigkeit, Übergewicht, kriminelle Entwicklung und sozialer Abstieg im späteren Leben.«[2]

Die Forschungsergebnisse zur Gehirnentwicklung bei Babys und Kleinkindern haben mich regelrecht fasziniert. Ein Neugeborenes startet mit 100 Milliarden Nervenzellen (Neuronen) und beginnt sofort, Verknüpfungen (Synapsen) zu bilden. In den ersten drei Lebensjahren nimmt die Zahl der Verknüpfungen rasant zu – je nach Reizen, Wahrnehmung und Reaktionen. Die Verknüpfungen können auch »verwelken«, wenn die natürlichen Bedürfnisse unerfüllt bleiben und nicht genügend Anregungen vorliegen. In diesem Zusammenhang wird oft von »Entwicklungsfenstern« beziehungsweise »Zeitfenstern« gesprochen. In diesen Zeitfenstern sei das Gehirn für bestimmte Lernerfahrungen besonders empfänglich, da dann die relevanten Verknüpfungen ausgewählt und miteinander verknüpft würden. Werden diese Perioden verpasst, könnte ein Kind im jeweiligen Bereich kaum noch dieselbe Leistungsfähigkeit erreichen wie andere.

Diese Erkenntnisse werden heute sehr stark auf den Spracherwerb und das Lernen bezogen. Das günstigste »Zeitfenster« für den Spracherwerb dauert beispielsweise bis zum sechsten oder siebten Lebensjahr. Das Neugeborene ist praktisch für ganz unterschiedliche Kulturen und Sprachen offen. Die Überproduktion von Synapsen in den ersten Lebensjahren ermöglicht das schnelle Erlernen und die Anpassung an ganz unterschiedliche Lebensstile und Sprachen. Deswegen ist auch das zweisprachige Aufwachsen eines Kleinkindes, zum Beispiel mit einer deutschen Mutter und einem Englisch sprechenden Vater, in der Regel unproblematisch und Frühenglisch im Kindergarten wünschenswert. Dieses Beispiel zeigt aber auch, dass das Konzept des »Zeitfensters« nicht überbetont werden darf. Natürlich können das Schulkind und der Erwachsene noch Fremdsprachen lernen – aber eben nicht mehr so mühelos und akzentfrei.

Das Konzept des »Zeitfensters« gilt aber auch für andere Bereiche, zum Beispiel für den Bereich der Gefühle und der Bindungsfähigkeit. Da haben Gehirnforscher festgestellt, dass die ersten 18 Monate entscheiden, ob das Kind im späteren Leben Beziehungsfähigkeit erlangt und seine Affekte angemessen regulieren kann. Weiterhin wurde festgestellt, dass frühkindliche Erfahrungen vor dem dritten Lebensjahr vom impliziten (unbewussten) Gedächtnis gespeichert werden. Wird beispielsweise ein zweijähriges Kind von seinen Bezugspersonen häufig angebrüllt, so verarbeitet es diesen Reiz direkt in der Großhirnrinde. Die unbewusste Wahrnehmung der lautstarken Ablehnung wird unauslöschlich im unbewussten Gedächtnis eingeschrieben, man nennt dies Priming oder auch »Narbe«, und bewirkt möglicherweise im Erwachsenenalter eine Angststörung oder »unsichere Kompetenz«, ohne dass dem Betreffenden die eigentliche Ursache dafür bewusst ist. Das Unbewusste entscheidet somit über den Grad an Wohlbefinden beim Kleinkind, aber durch lebenslange Festschreibungen früher Gedächtnisinhalte in der Großhirnrinde auch beim Erwachsenen.

Was bedeuten jetzt diese Ergebnisse für Sie und den Umgang mit Ihrem kleinen Kind? Ich kann mir vorstellen, dass widersprüchliche Gefühle in Ihnen streiten und die Last der Verantwortung Sie niederdrücken könnte. »Bin ich als Mutter wirklich so entscheidend wichtig? Hilfe, ich mache doch noch so viele Fehler!« Wenn Sie Ihr Kleines wirklich einmal angeschrien haben, dann wird sich sicherlich keine »Narbe« in seinem unbewussten Gedächtnis eingegraben haben. Lesen Sie noch einmal nach: Da steht das Wort »häufig«. Es wird erst bedenklich, wenn ein festgefahrenes, immer wiederkehrendes zerstörerisches Muster auftritt. Auch wenn die Wissenschaftler Ausdrücke wie »unauslöschlich« oder »nicht nachholbar« verwenden, können wir

Stichwort »Bindungs- und Gehirnforschung«
www.aerzteblatt.de/v4/artikel
J. Wettig, Eltern-Kind-Bindung:
Kindheit bestimmt das Leben.
www.familienhandbuch.de

als Christen dennoch darauf vertrauen, dass Gottes Bewahrung und auch Heilung für unsere Kinder gilt. Ihre Segensgebete sollten Ihre Kinder stets begleiten!

Aber an der Tatsche, dass Sie als Mutter sehr wichtig sind, lässt sich nicht rütteln. Gott hat es so eingerichtet, dass die Mutter auf jeden Fall in den ersten Lebensjahren des Kindes die wichtigste Bezugsperson ist: Ihr Kind kennt Ihren Herzschlag von Anfang an, mit Ihnen hat es den ersten Augenkontakt und es lächelt Sie wahrscheinlich als Erste an. Beim Stillen ist es mit Ihnen am innigsten verbunden. Sie sind schlichtweg die primäre Bezugsperson und das wollen Sie auch sein, oder nicht? Ich möchte so gerne in Ihnen eine neue Hingabe und Begeisterung für Ihre wichtige Mutterberufung wecken!

Wann ist die Kinderkrippe oder eine Tagesmutter dran?

Wer die Ergebnisse der Bindungs- und Gehirnforschung ernst nimmt, dem fällt die Antwort grundsätzlich nicht schwer: Ein Baby und Kleinkind sollte für eine optimale Entwicklung die ersten zwei bis drei Jahre mit seinen Hauptbezugspersonen verbringen dürfen!

Ein Kleinkind sollte nur im Notfall in einer Kinderkrippe betreut werden. Da verstehe ich allen Ernstes die aktuelle Familienpolitik nicht, die offensichtlich die Ergebnisse der Bindungs- und Gehirnforschung ignoriert, wenn dafür plädiert wird, dass alle Mütter so schnell wie möglich wieder in den Beruf einsteigen sollen und bereits für Säuglinge Fremdbetreuungen eingerichtet werden. Es gibt natürlich immer Ausnahme- und Notfälle. Meine Tochter, die selbst als Erzieherin arbeitet, sagte mir einmal: »Mama, glaub mir, manches Kleinkind ist bei uns in der Einrichtung besser aufgehoben als in seinem Zuhause. Da kümmert sich nämlich keiner richtig um es. Da geben wir ihm hier mehr Zuwendung und Geborgenheit.« Das sind die traurigen Ausnahmen, in denen eine Fremdbetreuung gerechtfertigt ist. Es ist auch eine echte Notsituation, wenn jemand vielleicht als Alleinerziehende finanziell absolut nicht über die Runden kommt oder den Beruf einfach nicht verlieren darf und deswegen das Kind in eine Kindertagesstätte (Kita) geben muss. Da wünsche ich mir, dass diese Eltern so viel Unterstützung wie nur möglich bekommen.

Nun kenne ich Ihre Situation nicht, ob Sie in einer echten Klemme stecken oder Freiraum in Ihren Entscheidungen haben. Die Entscheidung für Fremd- oder Eigenbetreuung im frühen Kindesalter kann Ihnen keiner abnehmen, die müssen Sie von Ihrer persönlichen Situation ausgehend selbst treffen. Bei denen, die sich nicht in Engpässen befinden, wünsche ich mir, dass an oberste Stelle das Wohl des Kindes gestellt und nicht immer nur von Vereinbarkeit von Familie und Beruf gesprochen wird.

Was das Wohl des Kindes betrifft, sollten Sie Ihr Kleines genau beobachten. Ist es ein zurückgezogener, langsam zu erwärmender Typ, der noch mit gut zwei Jahren an Ihnen hängt? Dann muss sicherlich noch gewartet werden. Ein Spielkreis oder eine stundenweise Betreuung außer Haus wäre der erste Schritt. Andererseits brauchen Kleinkinder zur Sozialisierung auch Kontakt mit anderen Kindern. Warum sollte dann ein aufgeweckter, selbstbewusster Draufgänger in diesem Alter nicht hin und wieder einen halben Tag mit anderen Kindern bei einer Tagesmutter verbringen?

Meine Tochter hat da eine kluge Entscheidung getroffen. Als das erste Kind kam, wollte sie nicht in den Beruf als Erzieherin zurück. So eröffnete sie eine Tagespflegestelle. Ihrem jetzt dreijährigen Luis – ein aufgeweckter, kontaktfreudiger Kerl – hätte es nicht besser treffen können, einerseits seine Mutter in der Nähe und andererseits einige Spielkameraden zum Herumtoben zu haben.

»Bei uns ist es weitverbreitet, schon von früh an Ganztagsplätze in Kindergarten und auch einen Hort in Anspruch zu nehmen. Die Kinder haben dann einen längeren Tag als manch ein Erwachsener. Mir würde mein Kind fehlen. Auch die Chance, es zu prägen, Anteil zu nehmen, ginge verloren. Wir haben deshalb beschlossen, unsere kleinen Kinder nicht von anderen betreuen zu lassen. Unsere Söhne waren beide ab zwei Jahren für zwei Vormittage in einem Minikindergarten und bekamen Gelegenheit, mit anderen Kindern zu spielen.« – Jana

»Für uns stand immer fest, dass ich als Mutter bis zum Kindergarteneintritt mit drei Jahren zu Hause bleibe. Insgesamt werden das bei unseren vier Kindern dann zehn Jahre sein, die der Büroalltag hinter mir liegen wird. Für die Kids war und ist mir die Zeit aber zu kostbar und wichtig für ihr späteres Leben, als dass ich sie früher weggeben

> Stichwort »Kinderkrippe oder Tagesmutter«
> www.familienhandbuch.de
> Checkliste für Eltern:
> Kinder unter DREI in Kitas
> www.bertelsmann-stiftung.de
> Familiennetzwerk –
> eine Initiative des Familien e. V.
> www.familie-ist-zukunft.de

möchte. Wenn sie alt genug sind, kann ich immer noch mindestens 20 Jahre arbeiten gehen.« – Carola

Ihr ständiger Begleiter und Nachahmer

Alles, was Sie tun, wird dem Kleinen jetzt wichtig: das Kochen, das Einkaufen, das Reparieren, das Musizieren. Sie haben einen ständigen Begleiter und Nachahmer. Erledigen Sie Ihre Arbeit fröhlich und singend, hören Sie Ihren Kleinen garantiert munter herumkrächzen, während er in der Spielecke vor sich hinwerkelt. Umgekehrt: Geraten Sie bei manchen Sachen aus der Haut und schimpfen Sie wütend vor sich hin, dann wundern Sie sich nicht, wenn Sie das auch bei Ihrem Kind entdecken. Der Einfluss Ihres Vorbildes ist größer, als Sie vielleicht wahrhaben wollen.

In diesem Alter ist der Vater auf jeden Fall gefragt! Ich weiß, dass manche Männer mit Säuglingen nicht so viel anfangen können. Schade! Aber jetzt, wenn das Kind »handlicher« geworden ist, können Sie als Mann mehr mit ihm anstellen: aus Bauklötzen Türmchen bauen, die Puppe in die Kleider zwängen, hinter dem Ball herkrabbeln, als Klettergerüst herhalten und noch einmal das Bilderbuch vorlesen. Keine Lust darauf? Was meinen Sie, was Ihre Frau schon den ganzen Tag gemacht hat?

Ein ganz wichtiger Dienst ist, das Kind bei Ihren Erledigungen mitzunehmen: auf den Weg zur Post oder zur Bank, zur Gartenarbeit, zum Autoreparieren. Das schätze ich sehr an Eberhard: Wenn er etwas zu tun hatte, war er eigentlich nie allein. Die Kleinsten sprangen um ihn herum, plauderten und halfen. Was gab es dabei nicht alles zu lernen!

Gerade wenn Väter den ganzen Tag außer Haus arbeiten, sind solche Momente besonders wichtig. Ein Vater, der so auf seine Kinder eingeht, steht bei ihnen immer hoch im Kurs, wird bewundert und nachgeahmt.

»Chris hat bei jeder Kleinigkeit unsere Kinder – vor allem David – mit eingebunden, sei es beim Zusammenbauen eines Schrankes, beim Reparieren der Kommode im Flur oder beim Unkrautjäten. David liebte es schon als knapp 2-jähriges Kind, seinem Vater ganz praktisch zur Hand zu gehen und rupft auch heute noch mit Leidenschaft Unkraut!« – Tanja

»Es gibt so ein nettes Lied von der Gruppe ›Die Mütter‹. Sie besingen die oft nervige Situation überall diesen kleinen Schatten bei sich zu haben, selbst aufs Klo kann man nicht alleine gehen. Im Refrain heißt es dann: ›Das muss wohl Liebe sein.‹ Wenn ich mir das vor Augen halte, kommen mir immer fast die Tränen. Mit welcher Berechtigung stelle ich meinen Egoismus dieser kindlich naiven Liebe entgegen?« – Carola

Unterstützen Sie alle Selbstständigkeitsversuche

Mit eineinhalb Jahren will ein Kind fast alles selbst machen. »Leine machen, leine machen!«, quengelt es, wenn Sie ihm

schnell die Hose hochziehen wollen. Lassen Sie Ihr Kind ausprobieren, wie weit es kommt. Es will den Tisch decken. Es
will, wie Sie, die Kartoffeln schälen, die Fensterscheiben putzen. Nun gut, manches geht wirklich nicht, aber arbeiten Sie
zusammen, wo es nur möglich ist. Dabei werden unbezahl-
bare Lektionen für das zukünftige Leben gelernt.

Spaziergänge können jetzt für Eltern sehr langatmig und
ermüdend werden. Jede kleine Pfütze, jedes Mäuerchen, ein
Stock, eine Schnecke, die vielen bunten Blätter, der erste
Schnee ..., alles lädt zum Verweilen ein.

Warum sind Sie so ungeduldig? Warum treiben Sie zur Eile
an? Eine ganz neue und spannende Welt wird gerade entdeckt
und erobert. Versuchen Sie sich in die Situation Ihres Kindes zu
versetzen. Tun Sie einmal so, als ob Sie diese Dinge auch zum
ersten Mal sehen würden! Das wird Sie gelassener machen.

Eine Mutter sagte humorvoll: »Ich gehe nicht spazieren. Ich
›stehe‹ spazieren!« Sie gibt den Rat, immer ein Taschenbuch dabei
zu haben. Sie hätte stehend schon ganze Bände verschlungen.

»Ich habe mir angewöhnt, eine Tüte, einen Korb o. Ä. mit auf
die Erkundigungen zu nehmen. So können manche Schätze zu
Hause noch einmal in Ruhe betrachtet werden.« – Jana

»Wenn uns die Sammelaktionen unserer Kinder doch irgendwann
zu viel wurden, haben wir die typischen ›Lauf-mir-in-die-Arme-Spie-
le‹ begonnen: Wir sind als Eltern vorgelaufen, haben unsere Arme
weit geöffnet und unsere Kinder sind hineingelaufen, um einmal
durch die Luft gewirbelt zu werden. So hatten sie ihren Spaß und wir
die Möglichkeit, mal ein bisschen Strecke zu machen.« – Tanja

Spiel mit Gleichaltrigen

Kinder dieses Alters fangen an, aufeinander zuzugehen, sich
anzufassen, sich zu füttern, einander nachzuahmen, aber sich
auch Gegenstände wegzunehmen und sich wehzutun.

Friedlich miteinander spielende Kinder sind der Wunschtraum aller Eltern. Aber das muss gelernt sein. Zunächst einmal sieht ein Kleinkind lediglich sich und seine Welt. Eine Schaufel will es gleich haben: egal, ob sie da liegt oder ob sie jemand anders in der Hand hält.

Warten können, verzichten, Gutes tun und abgeben muss eingeübt werden. Das Fundament dazu wird zu Hause im täglichen Umgang gelegt. Gehen Sie in diesem Alter nicht sofort auf jede Forderung ein. Ein Kind kann und muss sich, auf die freundliche Zusage der Mutter oder des Vaters hin, gedulden lernen: »Warte bitte, bis ich den Kuchenteig fertig habe. Dann gieße ich dir ein Glas Milch ein!« Allerdings muss sich ein Kind dann auf das Versprechen der Eltern auch verlassen können. »Siehst du, jetzt bin ich fertig. Ich wasche mir nur noch die Hände, und dann bekommst du deine Milch. Schön, dass du so geduldig gewartet hast.«

Auch abgeben kann spielerisch erlernt werden. »Darf ich auch einmal damit spielen!«, fragen Sie und lassen sich das Spielzeugauto geben. »Vielen Dank. Jetzt kannst du es zurückhaben.« Mit diesen Worten schenken Sie Ihrem Kind die Erfahrung, dass es Ausgeliehenes zurückbekommt. Je größer die emotionale Geborgenheit des Kindes ist, desto tiefer sind die Erfahrungen: »Auf meine Eltern kann ich mich verlassen!« Umso bereitwilliger wird solch ein Kind Schritt für Schritt lernen zu warten, zu verzichten und abzugeben.

Unter Kindern klappt es zunächst in der Regel nicht so reibungslos. Auch da muss es gelernt werden. Versuchen Sie, Ihr Kind häufig unter gleichaltrige Spielkameraden zu bringen. Gerade bei einem ersten Kind oder bei einem Einzelkind ist der Umgang mit anderen Kindern sehr wichtig. Verabreden Sie sich mit anderen Müttern, besuchen Sie sich gegenseitig, beginnen Sie mit einer Kleinkindergruppe oder stellen Sie sonst etwas auf die Beine!

Was aber tun, wenn sich die lieben Kleinen gegenseitig Spielzeug aus der Hand reißen und sich – wenn das nicht gelingt – in die Haare greifen?

Sie einfach gewähren zu lassen, wäre nicht richtig. Sofort alles zu regeln aber genauso wenig. Bemühen Sie sich zunächst einmal, Ihr Kind auf die Gefühle und Empfindungen des anderen aufmerksam zu machen: »Sieh mal, Lina weint, sie möchte zu gern auch einmal mit deiner Puppe spielen.« »Schau, wie traurig Jonas ist, weil du ihm die Schaufel weggenommen hast. Willst du ihm nicht deinen Eimer dafür geben?«

Solche Sätze helfen natürlich nicht immer und auch nicht sofort, tragen aber dazu bei, sich in den anderen hineinzuversetzen und Rücksicht nehmen zu lernen. Zeigt das Kind absolut keine Einsicht oder tut es dem anderen mehrmals weh, helfen keine zuckersüßen Reden mehr. Dann müssen Sie härter eingreifen und die beiden Streithähne auseinanderbringen.

»Ich habe leider die Erfahrung gemacht, dass allzu viele Eltern überhaupt nicht eingreifen, mit der Begründung: Das müssen die Kinder unter sich ausmachen, der Stärkere setzt sich halt durch, das ist später im Leben auch so. Ich leide auf Spielplätzen immer sehr unter dieser Haltung, aber wir versuchen trotzdem unseren Kindern ein angemessenes Sozialverhalten beizubringen. Für uns war es fraglich, ob Samuel sich damit in der Schule würde durchsetzen können, wenn so viele Kinder es doch anders lernen. Inzwischen wird unser 8-Jähriger wegen seiner vermittelnden und großzügigen Art in seiner Klasse sehr geschätzt.« – Katharina

Kleinkindern von Gott erzählen?

Für viele klingt es fremd, schon Babys bzw. Kleinkinder aus der Bibel vorzulesen oder zu erzählen. Vielleicht haben auch Sie bisher gedacht: »Kleine Kinder können doch noch nicht viel verstehen. Warum soll ich ihnen biblische Wahrheiten vermitteln? Ja, später vielleicht, aber jetzt noch nicht!«

Das ist ein Irrtum! Eltern unterschätzen ihre Kleinen in der Regel, weil sie sich verbal noch nicht so gut ausdrücken können. Aber bereits Babys nehmen viel auf, sie lernen von Anfang an! Ich habe ja bereits darauf hingewiesen, dass sie in den ersten zwei Lebensjahren so viel lernen wie später in einem vergleichbaren Zeitraum nicht wieder. Das Kleinkind ist wesensmäßig ein »Lernkind«.

Die körperliche Entwicklung ist sichtbar. Die geistige bzw. geistliche Entwicklung ist dagegen nicht so augenfällig, aber genauso intensiv. Höchstwahrscheinlich sind Sie wachsam darauf bedacht, Ihr Baby mit eiweiß- und vitaminreicher Kost zu versorgen, damit es prächtig gedeiht. Das ist gut. Aber genauso wichtig ist es, Ihrem Kind »gute Nahrung« für sein geistliches Wachstum zu geben. Die Verantwortung, das Baby in seiner geistlichen Entwicklung zu fördern, ist nicht geringer als die, seine körperliche Entwicklung zu unterstützen.

Schon während der Schwangerschaft, erst recht von der Geburt an, ist das Baby für Eindrücke, Erlebnisse und Erfahrungen aus seiner Umwelt aufnahmefähig. Genauso offen ist es für geistliche Wahrheiten. Kleinkinder sind wie eine Kornkammer. Sie haben das Vorrecht, ja sogar die Verantwortung, diese Kornkammer mit »biblischen Schätzen« zu füllen. Solche Schätze fallen tief in das Herz der Kinder, denn sie werden noch nicht mit dem Verstand verarbeitet.

Den Alltag mit Gott in Zusammenhang bringen

Sie mögen sich fragen: »Wie kann ich meine Vorsätze hinsichtlich einer christlichen Erziehung bei einem Baby oder einem Krabbelkind umsetzen?«

Eigentlich ist es ganz einfach und unkompliziert. Es geht darum, den kindlichen Alltag bewusst mit Gott in Zusammenhang zu bringen. Sie sind doch mit Ihrem Kleinkind ohnehin fast den ganzen Tag zusammen. Da gibt es viele Möglichkeiten, es Gott nahe zu bringen. Zum Beispiel, indem Sie mit dem Kind beten: »Danke, Jesus, für meinen kleinen Simon. Ich freue mich, dass er da ist.« Oder Sie singen beim

Spielen oder Stillen: »Gott liebt Miriam, er liebt sie, Gott liebt Miriam, er liebt sie. Gott hat Miriam so gemacht und sie sich so ausgedacht.«

Wenn Sie spazieren gehen, dann erklären Sie nicht nur: »Schau, das ist ein Baum«, sondern sagen Sie auch einmal: »Das ist ein Baum, und den hat Gott gemacht.«

Was ich eben beschrieben habe, ist letztlich nichts Neues. Christliche Eltern haben schon immer für und mit ihren Kindern gebetet, ihnen von Gott erzählt und vorgesungen. Die Frage ist nur, ab welchem Alter und mit welcher Intensität.

Zum Anknüpfen bieten sich Audio-CDs mit christlichen Liedern und Geschichten an, ein Bibel-Bilderbuch und im Vorschulalter eine Kinderbibel.

Eine weitere Anregung: Aus Amerika kommt eine Anleitung, die sich »See and Know« nennt, zu Deutsch: »Sehen und Verstehen«. Dieser Leitfaden enthält eine biblische Schulung für Babys und Kleinkinder von 0 bis ca. 3 Jahren für das Leben mit Gott im Alltag.

Sechs Themenbereiche werden im Wesentlichen angeschnitten: Gott als Schöpfer, als Versorger, als Beschützer und als Vater sowie die Gedanken »Jesus als Freund erkennen« und »Gott braucht auch dich«. Diese Themen können jedoch von Ihnen erweitert werden, zum Beispiel durch Familie, Gebet, Jahreszeiten.

Vielleicht denken Sie jetzt: »Ist das Ganze nicht übertrieben? Werden die Kinder dadurch nicht manipuliert?«

Denken Sie einmal darüber nach: Kinder sind lernbegierig! Wenn Sie Ihren Kindern keine Eindrücke weitergeben und sie damit prägen, werden es andere tun! Die ersten Lebensjahre sollten Sie aus diesem Grund nicht nur streichen lassen.

> **Stichwort »Biblische Unterweisung von Anfang an«**
> Seminar auf CD »Von Anfang an, Kleinkindern Gott nahe bringen« (CD1326)
> www.muehlan-mediendienst.de

Zu guten Christen können wir unsere Kinder ohnehin nicht »programmieren«, auch wenn durch diese Art der Unterweisung bereits frühzeitig viele geistliche Schätze in die »kindliche Kornkammer« getragen werden. Aber wir haben die Chance, den Boden gut zu bereiten und sie von Anfang an mit den richtigen Werkzeugen des Denkens und Handelns auszustatten, mit denen sie als Jugendliche ihr Leben eigenverantwortlich gestalten können.

»Wir haben von Anfang an Wert darauf gelegt, unseren Kindern von Gott zu erzählen, gemeinsam zu singen und zu beten. Sobald unsere Jungs die Melodien erkannten, ahmten sie sie mit Bewegungen nach, später sangen sie laut und eifrig mit, egal wo wir waren. Jeremia nutzte jede Gelegenheit, und wenn es im Supermarkt war. Anfangs waren die Blicke der anderen für mich wie Spießrutenlaufen. Aber wenn ich mir bewusst mache, dass es nichts Wichtigeres für Kinder (und Erwachsene) gibt, als Jesus zu lieben, dann kann ich mit stolzgeschwellter Brust neben meinem Sohn hergehen und sogar mitträllern.

Als unsere Kinder größer wurden, bestaunten sie sich selbst immer wieder und gaben das zurück, was wir sie lehrten: ›Mama, schau mal, wie toll Gott mich gemacht hat und was ich alles kann!‹« – Jana

Ins Bett gehen

Schlafengehen sollte etwas Schönes und Angenehmes sein. Etwas, das man gern tut, worauf man sich freut und wobei man sich wohlfühlt. So geht es zumindest mir, wenn ich ans Bett denke.

Dabei führt gerade das Zubettgehen in vielen Familien zu täglichen Auseinandersetzungen. Die Schlafenszeiten von Kindern sind oft von Ängsten und Unruhe gekennzeichnet. Es muss wohl einige Kardinalfehler geben, was das Thema *Schlafengehen* betrifft. Lassen Sie uns ganz von vorn beginnen.

Zunächst einmal brauchen Säuglinge und Kleinkinder unterschiedlich lange, bis sie zu einem festen Schlafrhythmus finden. Wie unterschiedlich Kinder sind, merken Sie schon daran, dass der eine Säugling bereits nach wenigen Wochen nachts durchschläft, während der andere seine Eltern ganze zwölf Monate nachts beschäftigt. Der eine schläft am Tag zweimal kurz, der andere einmal und dafür länger. Das müssen Sie beobachten und berücksichtigen. Wenn erst einmal der Rhythmus festliegt, meine ich, ist es besser, diesen nach Möglichkeit einzuhalten und nicht ständig zu ändern. Ich würde das Kind nicht mehr überallhin mitnehmen und es auch nicht meinem eigenen Zeitplan anpassen.

Stichworte »Einschlafrituale und Schlaftraining«
www.familienhandbuch.de
Schnabel, Einschlafrituale stärken Kinder
www.magazin.netmoms.de
Schlafen will gelernt sein
www.elternwissen.com

Heute Abend haben die Eltern etwas vor, sodass die Kleinen vor der gewohnten Zeit ins Bett müssen. Morgen ist ein freier Abend, und sie können bis um zehn durchs Haus springen. Am Wochenende hängen alle bis in den späten Vormittag in den Federn. Das machen die wenigsten Kinder problemlos mit. Nur logisch, dass sie nicht schlafen wollen, wann es den Eltern gerade passt. Feste Zubettgehzeiten, die dem Vermögen der Kinder angepasst sind und wie selbstverständlich zum Tagesablauf gehören, erleichtern das Zusammenleben.

Was das Schlafengehen betrifft, haben wir in all den Jahren eigentlich nie Probleme gehabt, bis auf die Zeiten, wenn ein Kind krank war. Da wir gleich mit sechs Kindern anfingen, blieb uns nichts anderes übrig, als mit festen Regeln zu leben, was Essen, Spielen und Schlafen betraf. Das hat sich positiv ausgewirkt. Durch die Regelmäßigkeit des Tagesablaufs haben sich die Kinder sicher gefühlt und waren ausgeglichen.

Eltern müssen wissen, dass das Schlafbedürfnis selbst bei Kleinkindern unterschiedlich groß ist. Man sagt, dass Kinder im Alter zwischen ein und zwei Jahren 12 bis 14 Stunden Schlaf brauchen. Wenn ein Kind morgens um sieben aufsteht, tagsüber noch zwei Stunden schläft, dann sollte es abends frühestens um sieben Uhr wieder schlafen gehen. Ich meine, dass manche Eltern die unterschiedlichen Schlafbedürfnisse ihrer Kinder oft nicht genügend berücksichtigen. Sie gehen mehr von ihrer eigenen Ruhebedürftigkeit aus als von dem Bedürfnis des Kindes. Abends wollen sie ihre Ruhe haben, und schwupps ist der Kleine um sieben im Bett. Aber mittags möchte Mama auch eine Pause machen: Der Mittagsschlaf muss eingehalten werden! – Jedes Kind, das nicht müde ist, wird Theater machen.

Beobachten Sie, wie Ihr Kind geraten ist. Will es abends nicht richtig einschlafen, fangen Sie an, die Schlafenszeiten am Tag zu kürzen. Lassen Sie es vielleicht nur jeden zweiten Tag, oder nur, wenn es richtig müde ist, einen Mittagsschlaf machen. Wir haben Kinder gehabt, die jeden Mittag ihr Schläfchen haben wollten und nachts auch gut geschlafen haben. Andere haben mit zwei Jahren keinen Mittagsschlaf mehr benötigt. Diese sind dann garantiert von sich aus um sieben zielstrebig auf ihr Bett zugesteuert.

Das Ins-Bett-Gehen sollte niemals als etwas Bedrohliches oder als Strafe hingestellt werden, sondern als etwas Schönes und Notwendiges. Hüten Sie sich davor, das Bett als Straflager zu benutzen: »Wenn du nicht gleich aufhörst, gehst du heute früher ins Bett!«

Haben sich Kinder genügend müde getobt, haben sie genug frische Luft gehabt, trägt dies auch dazu bei, dass sie sich abends nach ihrem Bett sehnen. Gerade bei schlechtem Wetter, wenn Kinder zu wenig Bewegung haben, kann es vorkommen, dass sie abends zu Hochform auflaufen. Auch wenn sie viele ungute Reize zu verarbeiten haben, zum Beispiel durch das Fernsehen, werden sie abends schwierig und anstrengend werden. Manche Eltern machen sich gar keinen Begriff davon, was kleinen Kindern da zugemutet wird. Kein Wunder, wenn sie nicht allein im Bett bleiben wollen!

Ein möglichst gleichbleibender, regelmäßiger Rhythmus von Zubettgehzeiten und ein friedevolles Abendritual erscheinen mir sehr wichtig. Erst noch am Bett kitzeln und toben und dann gleich die Augen zu, klappt einfach nicht. Zum Abendritual kann gehören, dass Sie noch zusammen zwei Seiten in einem Bibel-Bilderbuch anschauen, dass Sie miteinander singen und beten. Ein Kind, das liebevoll umsorgt, mit guten Gedanken und dem Wissen, dass Jesus und die Engel über es wachen, die Augen schließt, wird doch wohl besser schlafen als ein Kind, das mit Gezeter vom Fernseher weg ins Bett gescheucht oder gezerrt wird.

Hinzu kommt das fürbittende Gebet der Eltern. Nahezu jeden Abend sind wir vor unserem eigenen Zubettgehen von Kinderbettchen zu Kinderbettchen gegangen und haben die schlafenden Kinder gesegnet und unter den Schutz Christi gestellt. So haben wir, selbst mit den vielen Kindern, fast immer ein friedevolles »Nachtleben« geführt.

»Wir schaukeln vor dem Zubettgehen mit unserem einjährigen Kaleb noch ein wenig im Schaukelstuhl. Da merkt man dann auch gleich, wie müde der Kleine ist. Kuschelt er sich gleich an oder will er noch ein bisschen spielen und versucht, uns den Schnuller in den Mund zu stecken. Je nach dem dauert dann das ›Schaukeln‹ auch länger oder kürzer.« – Esther

»Wir gehen nach dem Badritual mit Waschen und Zähneputzen mit jedem Kind aufs Sofa, kuscheln, lesen noch eine Bibelgeschichte, beten und bringen unsere Jungs dann zu Bett. Bevor wir zu Bett gehen, segnen wir sie auch noch. Timea wird nach dem Waschen noch massiert, gestreichelt und geknuddelt. Anschließend wird sie gebetet ins Bettchen gelegt. Auch uns war es immer wichtig, dass wir feste Zeiten haben. Dadurch gestaltet sich der Tag einfach viel angenehmer für alle.« – Jana

Nachts ins Elternbett?

»Was soll ich tun, wenn ein Kind nachts aufwacht und schreit? Soll ich es schreien lassen? Soll ich hingehen?«, werde ich oft gefragt.

Meine Antwort: Ich würde grundsätzlich nach einigen Minuten des Schreiens hingehen, mich an das Bett knien und das Kind trösten. Ich würde nach dem Grund fragen, es streicheln und mit ihm beten. Meistens schläft es dann wieder ein.

»Was ist, wenn sich ein Kind nicht beruhigen lässt? Es mit ins Elternbett nehmen?«

Ich persönlich tue es ungern. Denn irgendwann muss ja auch mal Feierabend sein. Es darf sich nicht alles nur noch um die Kinder drehen. Die eheliche Intimsphäre im Schlafzimmer ist auch wichtig! Ausnahmen gibt es natürlich immer. Auch ich habe schon ein Kind, das sich einfach nicht trösten ließ, in unser Bett krabbeln lassen. Aber zunächst einmal versuche ich, ein Kind in seinem Bett zu beruhigen und zu trösten und es erst gar nicht auf die Idee kommen zu lassen, sich bei Mama oder Papa zu verkriechen. Dafür ist der Sonntagmorgen da oder ein anderer Tag, an dem wir alle ausschlafen können.

Und trotzdem: Manche Kinder machen es Eltern mit einem entspannten Abend oder einer ruhigen Nacht wirklich schwer. Wenn Krankheit oder offensichtliche Ängste vorliegen, sollten Eltern das unbedingt berücksichtigen und können das Kind dann durchaus zu sich ins Bett nehmen. Wenn es jedoch eher pure Lebensfreude, Unwilligkeit oder ein schlechter Lebensrhythmus ist oder sich das Ganze vielleicht schon zu einem Machtkampf entwickelt, dann kann es hilfreich sein, nach den Ratschlägen von Schlafforschern zu greifen.

Stichwort »Familienbett«
www.babyzimmer.de
www.adeba.de

Manchen Eltern ist das Schreiben von Schlafprotokollen, oder darauf zu achten, wie lange und wie oft sie zu dem schreienden Kind gehen sollten, zu aufwendig. Sie holen sich ihr Kind gleich ins Bett. Das muss jeder mit sich selbst ausmachen. Zu dem Thema »Familienbett« hat sich in den letzten Jahren eine rege Diskussion entwickelt. Das Für und Wider können Sie gut im Internet nachlesen.

Was kann ich von einem Ein- bis Zweijährigen erwarten?

»Welche Anforderungen kann ich an ein Kleinkind im zweiten Lebensjahr stellen? Was kann ich überhaupt erwarten?«

Das ist die Frage aller jungen Eltern, besonders beim ersten Kind. Sie nehmen ihren Erziehungsauftrag sehr ernst, haben auch Bücher gelesen und vielleicht ein Erziehungsseminar besucht und – überfordern ihr Kind! Sie stellen Erwartungen, die erst später dran sind, kommandieren zu viel und wundern sich, dass ihr Kind so unwillig oder rebellisch ist. Wie soll man auch wissen, was wann dran ist? Lassen Sie mich einmal aufzählen, was ich von so einem Kleinen in meiner Familie *nicht* erwartet habe.

Tischsitten

Ich erwartete zum Beispiel nicht, dass unsere Jüngste so lange am Tisch sitzen blieb, bis auch Ines mit Essen fertig war – die brauchte nämlich immer am längsten, weil sie so viel zu erzählen hatte. Wenn unsere Zweijährige fertig war, durfte sie aufstehen und spielen. Das Zusammensitzen, bis alle ihre Mahlzeiten abgeschlossen haben, erwarte ich erst von den Fünf- bzw. Sechsjährigen. Schließlich ist dies ein Akt der Höflichkeit und zeigt, dass Tischgemeinschaft nicht nur Nahrungsaufnahme ist, sondern auch ein wichtiger Ort der Kommunikation. Wenn Eltern sich dann beim Gespräch auch noch auf ihre Kinder konzentrieren, bleiben diese auch lieber sitzen. Unser »privates« Gespräch haben Eberhard und ich dann nach dem Essen bei einer Tasse Tee geführt.

Eine ähnliche Regelung gilt für den Essensbeginn. Nach dem Gebet kann das Jüngste anfangen zu essen, während alle anderen warten, bis sich der letzte aufgetan hat, und Mama, die Köchin, guten Appetit wünscht. Wenn alle gleich losschaufeln würden, ist bei einer größeren Familie der Erste nämlich schon fertig, wenn sich der Letzte gerade seinen Teller gefüllt hat.

Ich erwarte von einem Kleinkind auch nicht, dass es den Teller leer isst. Leider gibt es ganz perfektionistische Eltern, die ihr Kind bedrängen: »Ein Löffelchen für Mama, ein Löffelchen für Papa ...« Eine Mutter, die mit drei Erbsen, aufgespießt auf einer Gabel, beschwörend oder drohend vor ihrem Kleinen sitzt, befindet sich in einer wahrhaft lächerlichen Position!

Haben Sie ein gesundes Kind, so können Sie davon ausgehen, dass es seinen Bedarf selbst regelt, auch wenn es zwischendurch beängstigend wenig isst. Bei einem schlechten Esser würde ich konsequent auf eine gesunde Ernährung achten und die Süßigkeiten drosseln. Aber lassen Sie Ihr Kind sonst selbst bestimmten, wie viel es essen will. Wir wollen ja schließlich einer späteren Fress- bzw. Magersucht, die sich aus den frühkindlichen Machtkämpfen zwischen Eltern und Kindern ergeben könnte, keinen Vorschub geben. Isst Ihr Zweijähriger sein Frühstücksbrot nicht, legen Sie es ohne große Kommentare zur Seite. Kommt er später angerannt, weil er Hunger hat, bieten Sie ihm genau dieses Brot an. Kneift der Magen, wird er auch essen. Es ist noch kein Kind vor einem vollen Tisch verhungert.

Einmal wurde ich von einer jungen Mutter gefragt: »Sag mal, was soll ich tun? Meine Tochter isst immer die Wurst vom Brot und will das andere nicht anrühren.«

Meine Rückfrage: »Wie gibst du ihr denn das Brot?«

»Nun, ich schmiere eine Scheibe und gebe sie ihr dann.«

»Ich würde es anders machen. Ich würde Häppchen schneiden und immer eins nach dem anderen hinlegen.«

»Und wenn sie dann immer noch die Wurst runterpult?«

»Dann würde ich ihr das Brothäppchen in den Mund schieben.«

»Aber dann spuckt sie es aus!«

»Nun gut, das ist immer noch kein Grund für ein Theater. Ich würde eine Pause machen, in Ruhe mein Brot essen und es noch einmal probieren. Klappt es dann immer noch nicht, würde ich die Mahlzeit für beendet halten. Achte darauf, dass Mahlzeiten nicht zu Machtkämpfen werden.«

Was das zweite und auch das dritte Lebensjahr betrifft, sehe ich die Sache ziemlich locker. Natürlich brauchen unsere Kinder Essmanieren, aber sie müssen nicht in diesem Alter eingepaukt werden. Wenn Ihr Kind vier oder fünf Jahre alt ist, dann ist es Zeit zu lernen, am Tisch sitzen zu bleiben, nicht unmöglich herumzulümmeln, sich selbst aufzutun und das dann auch aufzuessen.

»Annika will mit ihren fast 14 Monaten inzwischen allein essen. Das ist bei Brot kein Problem, das Essen mit Löffel oder Gabel ist allerdings noch eine echte Herausforderung. Wir lassen sie mit leerem Joghurtbecher und Löffel erst mal üben, und für Malheure beim richtigen Essen gibt es ja Lappen zum Aufwischen.« – Katharina

»Unsere Kinder lieben Rohkost. Damit lässt sich so manches sonst recht unattraktive Brot für sie in ein Feinschmeckerbrot verwandeln. Reizt das Vollkornbrot mit Salami einmal nicht, legen wir einfach zwei Gurkenscheiben oben drauf und schon flutscht es so schnell, dass man kaum mit dem Nachschub hinterherkommt.« – Tanja

»Eine Zeit lang gab es bei uns Turmbrote. Wir stapelten die zuvor in Streifen geschnittenen Brotscheiben kreuzweise übereinander und die Kinder fanden es lustig, den Turm Streifen für Streifen abzubauen – und schwupps war alles im Bauch.« – Carola

Sauberkeitserziehung

Das Thema »Sauberkeitserziehung« ist in diesem Kapitel eigentlich noch gar nicht dran. Aber ich stoße immer wieder auf Eltern, die damit zu früh beginnen. Bei manchen steckt falscher Ehrgeiz dahinter, andere sind das ewige Windelwechseln einfach leid. Aber was die Kontrolle der Ausscheidung betrifft, muss eine gewisse körperliche und seelische Reife vorliegen: Das Kind muss die Schließmuskeln bewusst betätigen können. Die Fachleute sagen, dass erst jenseits des zweiten Lebensjahres eine vorsichtige Gewöhnung an das Töpfchen versucht werden sollte. Das individuelle Entwicklungstempo und die Bereitschaft des Kindes, etwas von sich herzugeben, sind unbedingt zu berücksichtigen. Zu frühe »Sitzungen«, besonders wenn sie mit Zwang, Ungeduld und Strenge durchgeführt werden, bewirken häufig eher das Gegenteil: Das Kind bekommt eine Abneigung gegen den Topf und ist nicht mehr dazu zu bewegen, darauf sitzen zu bleiben.

Ich habe meine Kinder nie zum Töpfchensitzen gezwungen und meine auch, dass man dieses Thema – gerade in unserer heutigen Wegwerfwindel-Zeit – nicht zu verbissen angehen sollte.

Wenn Sie meinen, dass Ihr Kleines auch schon vor dem zweiten Geburtstag dazu bereit sei, dann testen Sie es vorsichtig – ganz ohne Druck. Vielleicht haben Sie Glück. In diesem Alter mochten meine Kleinen das Töpfchen außerordentlich gern – sie warfen Spielsachen rein, trugen es vor dem Bauch durch die Wohnung oder setzten es als Hut auf den Kopf! So habe ich es schnell bleiben lassen und es einige Monate später wieder probiert. Eine aufmerksame Mutter wird mit der Zeit schon herausfinden, wann die tägliche Zeit für das große Geschäft ist, oder sie wird am verkniffenen Gesichtsausdruck beobachten: Jetzt drückt es wieder. Dann aber schnell das Töpfchen geholt! Setzen Sie sich ruhig dazu. Ein Kind sollte – zumindest in der Anfangszeit – nicht allein auf dem Töpfchen gelassen werden. Wenn dann tatsächlich das »Geschäft« im Töpfchen dampft, dann loben Sie das Kind über den grünen Klee. Stecken Sie ihm als angenehme Erinnerung eine Belohnung zu. Stolz wird es die Portion zum WC tragen und dort verschwinden lassen.

Ein günstiger Zeitpunkt zum Beginn der Sauberkeitserziehung ist die Sommerzeit. Wenn das Kind im Garten oder im Urlaub ohne Windel im Freien herumspringen kann, stößt es oft recht schnell darauf, die eigene Ausscheidung zu beachten und auch zu kontrollieren. So lernte unsere Tirza mit zweieinviertel Jahren im Urlaub problemlos trocken zu werden.

»Bei David half ein Belohnungssystem, nachdem wir merkten, dass er genau spürt, wann er auf die Toilette muss. Zu dieser Zeit liebte er Rosinen über alles. Nach jedem erfolgreichen Toilettengang bekam er also ein paar Rosinen auf die Hand. Dies spornte ihn extrem an. Eine Freundin von mir schenkte ihrem Sohn bei jedem gelungenen Gang zur Toilette einen Leuchtstern als Aufkleber für seine Zimmerdecke. Noch heute sieht man dort im Dunkeln einen wunderschönen Sternenhimmel.« – Tanja

»Wir bemerkten, dass es mehrmalige Rückfallphasen beim Trockenwerden gab. Da war die Kleine schon vier Wochen trocken, wir hatten das Thema dankbar abgehakt und plötzlich waren die Schlüpfer wieder nass. Eigenartigerweise brachten hier kleine Belohnungen nicht den Erfolg. Wir sahen das dann locker, wickelten für ein paar Wochen wieder und wagten dann einen neuen Versuch. Bis sie dann wirklich trocken waren (leider nur tagsüber), lag der dritte Geburtstag schon hinter ihnen.« – Carola

Aufräumen

Das Thema Aufräumen muss ich hier ebenfalls erwähnen, weil ich wiederholt festgestellt habe, dass es Mütter gibt, die tatsächlich von ihrem Eineinhalbjährigen erwarten, dass er aufräumt. Das finde ich nicht richtig. Selbst bei einem Zweijährigen ist es noch zu früh – es sei denn, es geschieht spielerisch. Natürlich sind Kinder in diesem Alter überaus hilfsbereit. Sie wollen Ihnen beim Aufräumen helfen, die Küche wischen, den Tisch decken, liebend gern Waschbecken putzen.

Alles, was mit Wasser zu tun hat, sowieso: Gemüse waschen, Teller abspülen… Das sind alles Dinge, bei denen Sie Ihre Kinder auch mitmachen lassen sollten. Selbst wenn Sie hinterher die halbe Küche wischen müssen – lassen Sie ihnen den Spaß. Denn Spaß muss es bleiben! Ein Zweijähriger hat noch nicht die Reife und die Ausdauer, dass Sie es regelmäßig einfordern könnten.

Das betrifft auch das Aufräumen des eigenen Zimmers oder der Spielecke. In diesem Alter geschieht das spielerisch und gemeinsam. So nach dem Motto: »Ich nehme die Bauklötze, und was willst du wegräumen? Die Puppensachen? Schön. Mal sehn, wer eher fertig ist!« Ein ernsthaftes, eigenständiges Aufräumen und Ordnunghalten ist meiner Meinung nach erst im Vorschulalter dran.

Gerade diese Dinge – still sitzen bleiben, alles aufessen, aufs Töpfchen gehen und aufräumen – sind oftmals die Dinge, auf die Eltern in zu frühem Alter zu großen Wert legen. Das führt nur dazu, unzufrieden zu sein, zu schimpfen und zu strafen. Das finde ich unangebracht. Natürlich sind diese Dinge wichtig. Aber alles zu seiner Zeit. Fangen Sie damit langsam an. Wenn Ihr Kind vier Jahre alt ist, werden Sie wesentlich schneller und mit weniger Ärger ans Ziel kommen.

»Kinder haben heute schon früh viele Erwartungen zu erfüllen: schnell trocken werden, bald durchschlafen, sich im Kindergarten gut eingliedern, deutlich sprechen, still sein, wenn Erwachsene sprechen… Ich bin sicher, dass Kinder vieles lernen müssen, aber immer eins nach dem anderen. Leider bin ich selbst recht anspruchsvoll. Vor allem was Essmanieren angeht! Dadurch habe ich uns um viele schöne Mahlzeiten gebracht.« – Jana

»Bei Tamara waren wir, was all diese Dinge betrifft, schon wesentlich entspannter als bei unserem ersten Kind. Es beruhigt einfach enorm, beim ersten Kind erlebt zu haben, dass all die Dinge, von denen man so gerne denkt: ›Wie soll mein Kind das nur je lernen?‹, doch alle wie ganz von selbst und nach und nach funktionieren. Da kann man dann beim zweiten sehr viel gelassener sein.« – Tanja

Was darf ich nicht durchgehen lassen?

»Wenn die Kleinen nun schon so einen großen Freiraum bekommen, gibt es dann Dinge, die ich auf keinen Fall durchgehen lassen darf?«

Ja, die gibt es. Und darauf habe ich auch immer großen Wert gelegt. Immerhin werden in diesem Alter auch die Weichen für spätere, grundsätzliche Umgangsformen gelegt.

Dazu gehören offene Aggressionen, mutwilliges Zerstören und langes, wütendes Geschrei.

Sie sollten es nicht dulden, wenn Ihr Kind unwillig auf Sie einschlägt oder seine Geschwister traktiert. Das können zum Teil schon Krabbelkinder. Halten Sie ihm das Ärmchen fest und sagen Sie ernst: »Du, das darfst du nicht. Das tut weh.« Wenn es weiter schlagen will, wiederholen Sie es, und wenn es mehrmals sein muss. Hilft es nicht, dann setzen Sie Ihr Kind allein einen Moment zur Seite.

Ebenso sind extremes Geschrei, das wütende Zerstören von Spielsachen und das Herumschmeißen von Lebensmitteln Zeichen von unangemessener Aufmerksamkeitshascherei oder Trotz.

Als wir damals einen zweieinhalbjährigen Jungen aus einem Säuglingsheim bei uns aufnahmen, bemerkte die Heimleiterin beim Abschied: »Ach, was ich Ihnen noch sagen wollte: Der Junge schmeißt sich mindestens einmal am Tag auf den Fußboden, schreit und trommelt wie wild auf die Erde. Daran müssen Sie sich wohl gewöhnen. Nicht, dass Sie sich erschrecken.«

Ich habe nicht geantwortet, aber gedacht: »Muss man sich mit so etwas wirklich abfinden?«

Tatsächlich, noch am gleichen Tag warf er sich im Spielzimmer auf den Boden und führte sich auf wie gewohnt.

Ich sammelte meine verschreckten Kinder und sagte gefasst: »Kommt, lassen wir Stefan allein. Wir gehen raus, bis er fertig ist.« Gesagt, getan. Es verging schon einige Zeit, bis er fertig war. Am nächsten Tag das Gleiche. Wieder zogen wir demonstrativ von dannen. Daraufhin kam es nicht mehr vor – offensichtlich fehlte ihm das geneigte Publikum!

Bei Aufmerksamkeitshascherei, wie in diesem Fall, kann dies die richtige Reaktion sein. Liegt allerdings ein Trotzverhalten vor, provoziert das Kind also einen Machtkampf, wird es passender sein, sich nicht selbst fortzubewegen, sondern das Kind kurz in Sichtweite zu isolieren, wenn es nach der Aufforderung, mit dem Geschrei aufzuhören, mit noch größerer Lautstärke weitermacht.

Ich konnte es kaum fassen: Unsere süße Tirza, noch nicht einmal zwei Jahre alt, machte plötzlich am Esstisch ein Geschrei, weil ihr etwas nicht passte. Zuerst ignorierte ich es. Als Dank drehte sie die Lautstärke noch höher. Nun musste ich doch eingreifen: »Tirza, das geht so nicht. Am Tisch darf man nicht so schreien. Da vergeht uns ja der Appetit. Hör bitte auf! Sonst muss ich dich vor die Tür setzten.« Dabei streichelte ich sie und versuchte sie abzulenken. Sie hörte *nicht* auf. Also nahm ich sie und setzte sie auf die unterste Treppenstufe vor die Glastür.

»Wenn du aufgehört hast, kannst du wieder hereinkommen.«

Nun gut, nach wenigen Minuten holte ich sie herein. Und … das ganze Theater ging wieder von vorn los. Jetzt musste ich mich zusammenreißen und sie mit ruhigen Worten wieder vor die Tür setzen. Dann kapierte sie endlich und fügte sich.

»Oh«, meinte ihr großer Bruder, »da hab ich wohl auch öfters sitzen dürfen. Aber geschadet hat es mir anscheinend nicht.«

Ein Kind für wenige Minuten in Sichtweite zu isolieren, ist die richtige Konsequenz, wenn es ein Riesentheater macht. Wehren Sie diesen Ausbrüchen schon in den Anfängen, aber bitte ruhig und beherrscht, ohne selbst zu zetern oder zu schreien.

»Bei Tamara hilft es, sie während eines Wutanfalls bzw. einer Schreiattacke kurz in ihr Kinderzimmer zu setzen. Sie darf jederzeit herauskommen, wenn sie sich beruhigt hat. Mittlerweile geht sie manchmal sogar ganz von selbst in das Zimmer, heult dort und wenn man sie fragt: ›Willst du jetzt raus und hast du dich beruhigt?‹, sagt sie auch manchmal: ›Nein, ich will noch weinen‹ und bleibt weiterhin im Zimmer.« – Tanja

Freiheitsdrang oder Machtspiel?

Irgendwann zwischen dem ersten und zweiten Geburtstag geht es los: Wie kommen die süßen Kleinen nur darauf, uns durch Geschrei, Unwilligkeit und Ungehorsam so herauszufordern?

Einerseits ist es schlicht und einfach das Ergebnis größerer persönlicher Freiheit. Das Kind entdeckt, dass es jemand ist und einen Willen hat. Das feste Stehen auf den Beinen bringt ja auch einen wesentlich größeren Aktionsradius. Mit wehenden Haaren und ausgereckten Armen läuft es juchzend in genau die andere Richtung, wenn Sie es rufen. Das würde ich als Zeichen der neu entdeckten Freiheit sehen.

Wenn Ihre Tochter aber mit herausforderndem Blick den Finger in die Marmelade bohrt, liegt eine andere Situation vor. Sie sagen freundlich: »Lass das bitte sein!« Sie zieht den Finger zurück, um ihn dann mit flackernden Augen umso tiefer hineinzubohren. Jetzt geht es nicht mehr um das Auskosten persönlicher Freiheit. Nein, die kleine Amazone provoziert ein Machtspiel.

Dies sind zwei total unterschiedliche Situationen, die von den Eltern verschiedene Reaktionen erfordern. Genau diese Unterscheidungsfähigkeit müssen junge Eltern lernen.

Geben Sie Ihrem Kind Freiheit, wo es um persönliche Entscheidungen geht – auch schon in diesem jungen Alter. Das können Sie erreichen, indem Sie Entscheidungsfragen stellen: »Möchtest du den roten oder lieber den blauen Pullover anziehen?« Oder Sie halten ihm den Teller mit dem Aufstrich hin und fragen: »Was möchtest du auf dein Brot haben?«

Zu viele Kommandos, zu viel Gereiztheit, Schimpfen und Gängeln machen auch schon kleine Kinder unwillig und aggressiv. Plötzlich meint so eine Mutter, ein schwieriges Kind zu haben. Aber in diesem Fall ist tatsächlich sie die Ursache der Spannungen.

Bewahren Sie die Ruhe. Geben Sie Ihrem Kind viel Freiheit. Sparen Sie sich das Nein für wirklich entscheidende Dinge auf. Ein Kind, das in diesem wohltuenden Rahmen persönlicher Entscheidungsfreiheit, Wertschätzung und Geborgenheit aufwächst, wird sich gelassener geben und auf Verbote williger eingehen.

Gerade nervöse, überängstliche und leicht reizbare Eltern haben oft unwillige und aggressive Kinder. Hier muss bei den Eltern unbedingt rechtzeitig ein Lernprozess zu größerer Ruhe, Geduld, Gerechtigkeit und Humor eintreten. Das musste ich auch erst lernen.

Aber was hat es mit den »Machtspielen« auf sich? Besonders das willensstarke Kind wird seine Eltern bis an die Grenze ihrer Belastbarkeit herausfordern. Was treibt ein Kind nur an, seine Mutter herauszufordern, den Vater abzulehnen und die Nachbarn zur Verzweiflung zu bringen?

Diese Machtspiele beginnen ernsthafte Züge anzunehmen, wenn ein Kind zwischen zwölf und fünfzehn Monaten alt ist. Sie dürfen damit rechnen: Ein willensstarkes Kind wird versuchen, seine Eltern herauszufordern, wann immer es den Eindruck hat, gewinnen zu können. Durch diese Machtspiele will das Kind feststellen, wer das Sagen hat: Bestimmen meine Eltern, wo es lang geht, oder ich?

»Während meiner Arbeit im Minikindergarten hatte ich ausreichend Gelegenheit, Machtkämpfe mitzuerleben. Eines Tages, als wir in den angrenzenden Garten gehen wollten, blieb ein Kind auf der Ankleidebank sitzen. Problem: Es sollte seine Schuhe holen. Diese befanden sich genau unter ihm. Es behauptete steif und fest, die seien weggelaufen. Nachdem wir dreizehn anderen Kindern beim Anziehen geholfen hatten, saß es immer noch. Also wartete ich noch ein Weilchen, bis es ganz überrascht meinte: ›Ach, da sind sie ja!‹« – Jana

Erfassen Sie die Zügel der Autorität rechtzeitig

Dies möchte ich Ihnen wirklich ans Herz legen: Nehmen Sie jetzt die »Zügel der Autorität« fest in Ihre Hand. Ich glaube, Sie verstehen mich richtig: Damit meine ich keine harte, lieblose Erziehung, sondern eine Beziehung, die von Liebe und Humor, aber auch von fester Leitung geprägt ist. Ich bin absolut gegen Härte und Prinzipienreiterei in der Erziehung. Es geht auch nicht darum, dass ein Kind »Gehorsam um jeden Preis« lernen muss. Der Freiheitsdrang Ihres Kindes muss anders bewertet werden als ein Machtspiel.

Bei einem Machtspiel müssen Sie der Gewinner bleiben! Warum ich dies für das zweite Lebensjahr so stark betone?

So wie ein günstiges »Zeitfenster« für das Erlernen einer Sprache oder für die Gefühlsbindungen vorhanden ist, gibt es auch ein »Zeitfenster«, in dem die Haltung eines Kindes gegenüber elterlicher Autorität verinnerlicht wird.

James Dobson, ein sehr bekannter amerikanischer Kinderpsychologe, zählt dazu die kurze Zeitspanne zwischen dem ersten und zweiten Geburtstag, in der Achtung und »Einlenken« festgelegt werden. Wenn Eltern jetzt konsequent bleiben, wird ein gutes Muster für die kommenden Jahre gelegt. Wenn das kindliche Ausstrecken nach Macht in diesem »Zeitfenster« dagegen erfolgreich verläuft, wird es dieses Vorrecht nicht freiwillig aufgeben wollen.

Wie Sie die Zügel fest, aber auch liebevoll halten können, beschreibe ich im nächsten Kapitel.

Zwischen zwei und drei Jahren

Worauf es ankommt

- Das Alter zwischen zwei und drei Jahren ist eine herrliche Zeit. End-lich ist das Kind so groß und so verständnisvoll, dass man einiges miteinander anstellen kann.
- Sprechen wird durch Nachahmen gelernt. Sprechen Sie langsam und deutlich. Kommentieren Sie Ihr gemeinsames Tun, aber nicht in einer Babysprache. Warum soll Ihr Kind zweisprachig mit Baby-deutsch und Hochdeutsch aufwachsen?
- Hüten Sie sich vor der Falle des ständigen Herumkommandierens, Gängelns oder Vorschlägemachens. Das geeignete Motto lautet: »Viel Freiheit! Wenig Kommandos! Wenig Regeln!«
- Kinder sind gute Zuhörer. Sie werden merken, dass nicht alles für Kinderohren gut ist, was Sie mit Ihrem Ehepartner oder Ihrem Besuch zu besprechen haben.
- Kuscheln und Schmusen ist für die emotionale Geborgenheit unerlässlich. Manche Kinder holen sich das von selbst, andere sind zurückhaltender. Lassen Sie kein Kind zu kurz kommen.
- Spielen wird zur wichtigsten Beschäftigung für Ihr Kind, besonders Rollenspiele mit Requisiten. Der gesamte Familienalltag wird im Spiel erprobt und verarbeitet.
- Wenn Sie sich noch ein Kind wünschen, treffen Sie kluge Vorsorge, dass es bei dem älteren Kind nicht zu einem Babyneid kommt.
- Ein älteres Kind darf nicht nur Pflichten haben, sondern muss auch altersgemäße Vorteile kennen. Das lässt es die Last des Erstgebo-renen leichter tragen.
- Zwischen zwei und drei Jahren beginnt das Kind zu erfassen, dass es eine eigenständige Persönlichkeit ist. Dies ist die Zeit der Ich-Fin-dung, die von manchen Eltern als »Trotzalter« falsch gedeutet wird.
- Für das dritte Lebensjahr gelten im Wesentlichen die gleichen Erziehungsprinzipien wie in dem Jahr zuvor. Es gibt bewährte Erziehungsstrategien, die für die gesamte vorpubertäre Zeit gilt.

Endlich vernünftig miteinander reden …

Es ist wunderbar, dass Sie sich mit Ihrem Kind richtig vernünftig unterhalten können. Tun Sie es ausgiebig. Mit großen Kulleraugen wird es dastehen und versuchen, Ihnen etwas klarzumachen. Schauen Sie ihm dabei in die Augen, und ermutigen Sie es zu erzählen. Sie werden sich besser und besser verstehen.

Sprechen wird durch Nachahmen gelernt. Also sprechen Sie langsam und deutlich. Egal, was Sie auch zusammen tun, kommentieren Sie es: »Jetzt gehen wir einkaufen. Willst du nicht den Korb holen …?«

Auch Dinge, von denen Sie meinen, dass sie das Kind noch nicht versteht, können Sie ihm mitteilen: »Ich muss bei der Krankenkasse anrufen.« Es wird versuchen, bekannte und unbekannte Wörter nachzusprechen. Wiederholen Sie sie in der richtigen Aussprache und ergänzen Sie, wenn Sätze gemeint sind: »*Papa!*« – »Ja, da kommt Papa.« »*Da, wauwau.*« – »Richtig, da läuft ein großer, schwarzer Hund.«

Sprechen Sie mit dem Kind nicht in einer Babysprache – »ata ata gehen« –, die vielleicht süß klingt, mit der Sie aber Ihrem Kind nicht helfen. Erst bringen Sie ihm Begriffe in der Babysprache bei, und dann soll es Hochdeutsch lernen? Dann lieber gleich Hochdeutsch!

»Eines der ersten Wörter, die Samuel sagte, war ›Sese‹ (mit Nachdruck ausgesprochen!). Das bedeutete: ›Mama, los, lies mir schon vor!‹ Eines Tages war er auf Besuch bei seiner Patentante. Diese wunderte sich, dass er so oft nach Mama verlangte, da er eigentlich gar nicht an mir hing, sondern sehr gern dort war. Als sie wiederholte, was er die ganze Zeit erzählte, musste ich schmunzeln. Er sagte: ›Maamaa sese.‹ Was meinte Samuel? Ganz einfach: ›Noch einmal vorlesen!‹ Ich habe mir seine ersten Wortschöpfungen aufgeschrieben, denn man vergisst sie so schnell.« – Jana

Achtung vor der kleinen Persönlichkeit

Wenn Sie sagen: »Hol doch mal die Zeitung!«, »Tu dies!«, »Lass das sein!«, versteht das Kind dies alles. Wie schön – und doch besteht eine Gefahr. Ängstliche, dominierende oder nervöse Eltern können in die Falle geraten, ihr Kind zu sehr zu gängeln oder zu kommandieren. Damit schneiden sie sich ins eigene Fleisch und vermiesen sich den Umgangston.

Solche Eltern sollten sich einmal ein kleines Aufnahmegerät an den Gürtel schnallen, dazu ein kleines Knopfmikrofon an den Kragen stecken und einen ganzen Vormittag aufnehmen, was sie so aus ihrem Mund herauslassen. Ich glaube, sie wären entsetzt über sich selbst!

Ein Kind braucht Freiheit. Wenn es zu enge Grenzen gesetzt bekommt, laufend herumkommandiert wird oder ständig Vorschläge hört, was es tun könnte, wird es darauf reagieren. Das eine als angepasstes Kind: Es wird nicht selbstständig spielen, sondern stets auf die Anregungen der Mutter warten. Das andere als kleiner Rebell: Es hält sich die Ohren zu und tut, was es will.

Diese beiden Extreme im Eltern-Kind-Verhalten beobachte ich recht häufig. Eberhard und ich haben uns antrainiert, wenig zu sagen gemäß dem Motto: »Wenig Worte, wenig Regeln!«, aber wenn wir etwas aussprechen, dann soll es gerechtfertigt sein. Dann erwarten wir auch, dass es spätestens nach zwei oder dreimaligen Wiederholungen befolgt wird. Ein Kind, das ansonsten einen genügend großen Freiraum hat, wird sich eher etwas sagen lassen als ein Kind, dessen Tagesablauf ohnehin von unzähligen Kommandos abgedeckt ist.

Achten Sie darauf, wie Sie mit Ihrem Kind sprechen. Erwarten Sie etwas, sagen Sie ruhig: »Bitte!« Wenn das Kind eine Aufgabe erledigt hat, erwidern Sie: »Danke!« Der Umgangston in einer Familie sollte umkehrbar sein, das heißt: So, wie Sie mit dem Kind sprechen, darf es auch mit Ihnen sprechen! Das verbietet Ihnen von vornherein einige Unmutsäußerungen. Oder würden Sie sich gern als

»Dummkopf«, »kleiner Trottel« oder »Quatschkopf« betiteln lassen?

Haben Sie Schwierigkeiten mit Ihrem Temperament? Dann machen Sie sich immer wieder bewusst: »Mein Kind ist das Eigentum Gottes und mir für die Jahre seiner Unmündigkeit als eine Leihgabe anvertraut!« Eine persönliche Gabe Ihres Schöpfergottes sollten Sie mit großer Sorgfalt und Wertschätzung umgeben.

Das ganze Zusammenleben wird angenehmer, wenn Eltern und Kinder verstehen einander wertschätzend zu begegnen. Das beginnt bereits in den frühen Kindheitsjahren.

Einmal lag ich auf dem Sofa und ruhte mich aus. Meine kleine Tirza kam herein und knipste für mich das Licht an. »Mama, bitteschön«, rief sie. Ich reagierte nicht. »Mama, bitte!« Wieder bemerkte ich es nicht. »Mama, bitte! Mama, bitte!!« Endlich schaltete ich: »Oh, danke, mein Schätzchen!« Zufrieden, mit einem breiten Lächeln im Gesicht trollte sie sich davon. »Oh, oh, dauert das lange, bis Eltern endlich einmal Höflichkeit lernen!«, mag sie gedacht haben.

Nicht alles ist für Kinderohren

Kinder sind gute Zuhörer. Als junges Ehepaar waren wir gewohnt, uns zu jeder Zeit über alles unterhalten zu können. Dann hatten wir die ersten Sprösslinge. Wieder saßen wir am Mittagstisch und tauschten uns angeregt über eine Seelsorgesituation aus. Plötzlich registrierte ich, wie die Essensgeräusche um uns herum aufhörten und die Kinder aufmerksam lauschten. Sie kannten die Person, von der wir sprachen.

Da wussten wir, dass die Zeit der intensiven Gespräche vor den Kinderohren vorüber war. Fing dann doch einer von uns beiden an, über Vertrauliches zu plaudern, schaute ihm der andere tief in die Augen oder gab ihm einen kleinen Stups. »Ach, ja. Danke für die Erinnerung.«

So wird es Ihnen auch bald gehen. Nicht alles, was Erwachsene sich zu sagen haben, ist auch für Kinderohren bestimmt. Stellen Sie sich schon darauf ein. Wir hatten uns angewöhnt, bei den Mahlzeiten für die Kindergespräche da zu sein und für den ganz persönlichen Austausch eine andere Zeit zu wählen. Vielleicht ist das auch ein Tipp für Sie.

»Bei uns wurden die Essenszeiten irgendwann recht unerträglich. Wenn wir beide uns über unseren Tag unterhielten, redeten unsere Kinder dazwischen oder fingen an, den größten Quatsch zu inszenieren. Uns umzustellen, fiel uns nicht leicht. Dennoch stellen wir ab sofort die Themen der Kinder in den Mittelpunkt. Auch wenn unsere Ehepaar-Zeit dadurch recht knapp wird, ist das eine Bereicherung für uns alle.« – Jana

Kuscheln und Schmusen

Habe ich schon etwas zum Kuscheln und Schmusen gesagt? Liebe darf nicht nur verbal weitergegeben werden, sondern muss auch körperlich ankommen. Nur wenigen Eltern fällt es schwer, ihr kleines Kind zu knuddeln. Bei älteren Kindern taucht die Problematik schon eher auf. Vielleicht haben sie selbst es zu Hause kaum erlebt, und nun können sie es bei ihren eigenen Kindern auch nicht weitergeben.

Aber Ihres ist ja noch klein. Vielleicht ist eher die Hektik des Alltags oder der kleine Ärger, die eigenen Probleme oder lediglich Gedankenlosigkeit die Ursache für zu wenig körperliche Zuwendung?

Stellen Sie sicher, dass Ihre Liebe ankommt und sich Ihr Kind seelisch und körperlich rundum geborgen fühlt. Nehmen Sie sich Zeit zum Schmusen und Scherzen. Manche Kinder holen sich das ohnehin, andere jedoch nicht. Solchen Kindern müssen Sie Ihre körperliche Nähe extra geben.

Oftmals kann sogar Bockigkeit und Unwilligkeit auf diese Weise liebevoll aufgefangen werden. Ihr Kind schmollt vor sich hin? Dann reagieren Sie nicht hart und zurechtweisend, sondern ziehen Sie es an sich und sagen: »Na, Schätzchen, du brauchst wohl eine Extraportion Liebe? Komm, wir schmusen miteinander, dann wird es gleich viel besser gehen.«

Beim Spielen versteht Ihr Kind keinen Spaß

Nur für uns Erwachsene ist das Spiel eine »unnütze« Tätigkeit, der man nachgeht, wenn man »nichts Besseres zu tun hat«. Für Ihr Kind ist Spiel jedoch (manchmal bitterer!) Ernst. Es ist mit seiner ganzen Person bei der Sache, strengt sich bis zur Ermüdung an, bricht in Tränen aus, wenn ihm etwas nicht gelingt, oder gerät in Zorn über sich und die Widerspenstigkeit der Dinge, fühlt sich als der Größte, wenn ihm ein Spiel-Vorhaben geglückt ist.

Da das Kind nun allmählich lernt, zwischen Realität und Fantasie, zwischen Spiel und Ernst, zwischen Ich und Du zu unterscheiden, gewinnt eine neue Art von Spielen langsam an Bedeutung: Rollenspiele mit Requisiten.

Im dritten Lebensjahr sind die Rollenspiele meist noch ganz einfacher Natur: Die Mutter füttert das Kind, ein brüllender Löwe krabbelt durchs Zimmer oder einfache Kaufladenspiele.

Ab dem vierten Lebensjahr werden diese Spiele jedoch immer vielgestaltiger und fantasiereicher – natürlich parallel zur Entfaltung der Sprechfähigkeit und zur Erweiterung des kindlichen Erfahrungsschatzes. Außerdem bezieht das Kind zunehmend andere Personen, Kinder und auch Puppen mit ein. Es gibt zwischendurch Regieanweisungen und spricht mehrere Rollen mit verstellter Stimme.

Das Rollenspiel ist in diesem Alter ein wichtiger Weg zur Selbstbestimmung und Übernahme von Familienregeln. Im Spiel lernt das Kind, sich mitzuteilen, sich sozial zu verhalten und Probleme zu lösen. Im Rollenspiel übt es seine Sprach- und Ausdrucksfähigkeit am besten und spielt sich langsam in die Welt der Erwachsenen hinein.

»Jeremia erklärte mit drei Jahren seinen Spielzeugen: ›Nein, das darfst du aber nicht! Hauen ist bei uns nicht o.k!‹« – Jana

»Ich habe es immer geliebt, meine Kinder bei ihren Rollenspielen zu beobachten – erstaunlich, wie viel man als Erwachsener dabei lernt. Besonders bei Valentin konnte man schon von Weitem hören, ob er jetzt die Rolle seines Papas oder seiner Mama gespielt hat. Er hat uns ganz wunderbar nachgeahmt und konnte sich damit allein oder mit seinem Bruder toll beschäftigen. Selbst Annika fängt mit ihren 14 Monaten schon mit Rollenspielen an, indem sie ihre Puppen füttert oder versucht, ihnen Küsschen zu geben und sie hinzulegen.« – Katharina

> **Stichwort »Kinderspiele«**
> www.kikisweb.de/spielundspass
> www.bzga.de
> Kinderspiele – Anregungen zur gesunden Entwicklung von Kleinkindern (kostenlos). Bundeszentrale für gesundheitliche Aufklärung.

»Spielregeln« für die Eltern

In der Broschüre »Kinderspiele« der Bundeszentrale für gesundheitliche Aufklärung findet sich eine Reihe von Tipps für den richtigen Umgang mit Kleinkindern. So zum Beispiel:

- Spielen ist die wichtigste Beschäftigung für Ihr Kind. Lassen Sie ihm deshalb Zeit und Ruhe dafür, und unterbrechen Sie es nicht unnötig.
- Was richtig ist, lernen Sie von Ihrem Kind selbst: Beobachten Sie es und Sie werden merken, wann es eine neue Spielanregung, wann Ermunterung und Zuspruch, wann nur Ihre Aufmerksamkeit braucht.
- Versuchen Sie nicht, Ihr Kind schon jetzt zu viel zu fordern, ihm vielleicht im Hinblick auf den späteren Ernst des Lebens zu viel beibringen zu wollen. Ihr Kind bestimmt das Tempo selbst.

- Schieben Sie Ihr Kind nicht in sein (wenn auch wunderschönes) Spielzimmer ab. Denn bei Ihnen zu sein, alles genauso zu machen wie Sie, ist ihm jetzt noch das Wichtigste. Umso eher und schöner wird Ihr Kind dann später auch allein oder mit anderen Kindern spielen können.
- Ihr Kind braucht Kontakt zu anderen Kindern. Lassen Sie es mit Nachbarskindern spielen, oder schließen Sie sich einer Babygruppe an.
- Weniger ist manchmal mehr! Geben Sie Ihrem Kind nie viele Spielsachen auf einmal – lieber öfter mal etwas Neues – oder das alte Spielzeug wieder neu. Und teuer muss Spielzeug in diesem Alter auch nicht sein. Wertlose Gegenstände sind meist interessanter.
- Beschäftigen Sie Ihr Kind nicht ununterbrochen. Sie sind kein Unterhaltungskünstler und wollen aus Ihrem Kind keinen passiven Zuschauer machen.

Spielstörungen

- Das Kind sitzt längere Zeit untätig herum (ohne krank oder müde zu sein).
- Es wiederholt mechanisch immer die gleichen Handgriffe an den Gegenständen (mit entsprechend unbeteiligtem Gesicht).
- Es fragt zu häufig für sein Alter: ›Mama, was soll ich spielen?‹
- Es fängt häufig ein Spiel an, gibt es dann aber bei der geringsten Schwierigkeit wieder auf. (Vorsicht, bei kleineren Kindern ganz normal!)
- Es spielt hektisch und chaotisch, wirft Dinge ständig durcheinander, zerstört häufig mutwillig Gegenstände, geht sehr aggressiv mit Puppen und Plüschtieren um. (Vorsicht: Wenn Dinge durch ›Untersuchen‹ kaputtgehen, so zählt das nicht. Auch schlechte Behandlung von Dingen im Wutanfall zählt nicht!)

Wenn ein Kind einmal nicht isst, so ist das für die meisten Eltern Anlass zu großer Sorge. Doch wenn ein Kind nicht richtig spielt, wird dies häufig nicht richtig bemerkt. Dabei ist Letzteres meist ein viel ernsteres Alarmzeichen. Experten sind sich einig: Dem Spiel des Kindes sollte die gleiche Aufmerksamkeit gewidmet werden wie der körperlichen Pflege und Ernährung.

Noch ein Baby?

Bei uns spielte sich siebenmal das Gleiche ab: Spätestens wenn unser kleiner, süßer »Engel« in das dritte Lebensjahr kam, brach in uns beiden die Sehnsucht nach einem weiteren Kind auf. Unsere Kinder unterstützten das ebenfalls. »Mama, Papa, nur noch ein Baby, das ist doch soo süß!«, bettelten sie. Plötzlich waren all die Entbehrungen und durchwachten Nächte vergessen …

Nun müssen die Größe einer Familie und der zeitliche Abstand zwischen den Kinder sorgfältig bedacht und auch durchbetet werden. Die Umstände, wie auch die persönliche Belastbarkeit, sind von Familie zu Familie unterschiedlich.

Wir fanden es angenehm, zwischen den einzelnen Kindern zwei bis drei Jahre Pause zu machen. So konnten wir jedes einzelne besser genießen, und auch mein Körper hatte länger Zeit, sich zu regenerieren. Dafür hatten wir jedoch länger kleine Kinder um uns herum als ein Ehepaar, das sich entscheidet, seine Kinder Schlag auf Schlag »kommen zu lassen«. Demnach muss jeder für sich herausfinden, was für ihn besser ist.

Babyneid

Ein neues Geschwisterkind kann unter den anderen Kindern Probleme hervorrufen. Wenn Eltern sich in die Situation des älteren Kindes nicht hineinversetzen können und sich nicht bemühen typische Fehler zu vermeiden, können sie einen regelrechten Babyneid heraufbeschwören. Dass sollten Sie zu verhindern wissen.

Eigentlich ist es doch offensichtlich: Dreht sich alles um das neue Baby, fühlt sich ein Kind, das vorher alle Beachtung und Liebe hatte, zurückgesetzt und wird den neuen Erdenbürger nicht gerade herzlich empfangen wollen. Bereits in der Schwangerschaft häufen sich oft Bemerkungen wie: »Psst, Mama muss sich ausruhen. Wir bekommen ein Baby!« Oder: »Spring nicht so auf meinem Schoß herum. Das tut dem Baby weh!«

Kaum ist dieses unbekannte Wesen geboren, stürzt sich die ganze Verwandtschaft darauf, überhäuft es mit Geschenken und bricht in Entzückungsrufe aus. Das ältere Kind steht abseits in der Ecke, die kleinen Fäuste in den Hosentaschen geballt, und grübelt, wer ihm wohl hier seinen Platz streitig macht.

Zugegeben, ich habe eben ein wenig übertrieben. Wenn sich Eltern aber kaum Gedanken machen, kann es so ähnlich ablaufen. Wenn sich bei Ihnen ein weiteres Baby anmeldet, berücksichtigen Sie möglichst die folgenden Tipps:

- Beziehen Sie das erste Kind ganz gezielt in die Vorbereitungen ein: beim Einkaufen, Wäsche sortieren, Einrichten der Babyecke.
- Lassen Sie das Kind einige seiner Spielsachen an einen sicheren Platz räumen, »damit das Baby nicht an sie herankommt«.
- Lassen Sie Ihr Kind für das Baby ein paar Spielzeuge aussuchen. Das können neue sein, die es im Laden aussucht oder alte von sich, die es abzugeben bereit ist.
- Während die Mutter zur Entbindung im Krankenhaus ist, sollte sich der Vater intensiv um das erste Kind kümmern, damit keine Angstgefühle oder Einsamkeit aufkommen. Auch wenn die Mutter – vielleicht selbst noch schwach – wieder zu Hause ist und sich ihre Aufmerksamkeit häufig auf das Neugeborene konzentriert, sollte der Vater präsent sein – am besten ist, er nimmt sich Urlaub.

- Schmusen Sie viel mit dem älteren Kind. Lassen Sie es beim Wickeln und Baden des Babys mithelfen, und geben Sie ihm allen Grund, sich nicht vernachlässigt zu fühlen.
- Sprechen Sie mit dem Kind über all das, was das Neugeborene noch nicht kann, zum Beispiel: »Katharina kann noch keinen Ball fangen, sie kann auch noch nicht laufen, nicht sprechen. Sie muss vieles erst noch lernen.«
- Wir hoffen, dass auch Ihre Verwandten und Freunde sich sensibel genug verhalten werden. Wenn wir auf einen Babybesuch gehen, stecken wir immer ein kleines Geschenk für die älteren Geschwister ein und wenden uns diesen besonders zu. Dem Baby in der Wiege ist es egal, wie viel Zuwendung es von uns erhält, dem älteren Kind nicht.

Trotzdem werden einige Kinder in Säuglingsverhalten zurückfallen und weinerlich oder aggressiv reagieren. Dann sprechen Sie seine Gefühle an und helfen Sie ihm, diese zu äußern: »Du fühlst dich wohl vernachlässigt? Komm, wir schmusen miteinander.« Durch das Aussprechen der Gefühle kann das Kind besser lernen, sich selbst zu verstehen und sich in die neue Familiensituation einzufügen.

Erweisen Sie Ihrem Kind die gebührende Aufmerksamkeit und Liebe. Lassen Sie es spüren, dass es wirklich das Ältere ist, aber erlauben Sie kein ungebührliches Verhalten. Seien Sie konsequent, ohne Ärger und Unmut zu zeigen.

»Während meiner dritten Schwangerschaft waren unsere Jungs fünf und drei Jahre alt. Sie zeigten großes Interesse am Bauch, stellten viele Fragen über das Baby und über sich. Wir bemühten uns, allen gerecht zu werden und sie ausgiebig zu beantworten. Ein Satz wurde uns besonders wichtig: ›Wir sind so froh, dass dieses Baby zwei so wunderbare Brüder bekommt!‹ Da wuchsen unsere Jungs quasi über sich hinaus. Sie durften meinen Bauch auch immer berühren, wenn sie das wollten. Einmal durften sie ihn mit Theaterschminke bemalen. Bewegte sich das Baby waren sie überglücklich und erzählten ihm etwas. Jetzt, wo Timea da ist, ist es uns ganz wichtig, sie nie auszuschließen: füttern, anziehen, beruhigen … Unsere Großen dürfen mitmachen. Bis jetzt lieben beide ihre Schwester! Manchmal so sehr, dass sie sich wünschen, Timea wäre schon älter und robuster, so richtig zum Knuddeln eben!« – Jana

»Auch wenn der Papa in den ersten Wochen nach der Geburt ganz da war, sehnten sich die älteren Kinder nach einer Zeit mit der Mama. Mal ein Buch lesen, kuscheln oder zu zweit rausgehen. Angesichts des Säuglings kam mir das ältere Kind auf einmal sehr viel älter vor, und ich neigte dazu, es zu überfordern. Ich hatte so viel Beschützerinstinkt und Fürsorgedrang für das Baby mitbekommen (Hormone), dass ich mir wirklich vornehmen musste, auf das ältere Kind individuell einzugehen, um nicht ungerecht zu werden.« – Carola

Ein älteres Kind braucht stets die Gewissheit, dass seine Stellung sicher ist. Zu wissen, dass ein jüngeres Geschwisterkind nicht vorgezogen oder mehr geliebt wird, wird es ermutigen, entspannt und kooperativ zu bleiben, anstatt neidisch oder eifersüchtig zu reagieren.

Wenn Sie an die kommenden Familienjahre denken, die Ihrem Ältesten vielleicht noch einige jüngere Konkurrenten bescheren werden, versuchen Sie die folgenden zwei Vorsätze nicht zu vergessen:

Bürden Sie Ihrem Ältesten nicht zu viel auf! Aufgrund seines Alters wird ein Erstgeborener in der Regel mehr Pflichten haben als ein jüngeres Kind und häufig Rücksicht nehmen müssen. Es muss vielleicht auf die jüngeren Geschwister aufpassen, teilen und abgeben. Aber es ist schon zum »Aus-der-Haut-Fahren«, wenn die liebevoll aufgebaute Holz-Eisenbahn ständig von einem Krabbelkind zerstört wird.

Für das Älteste darf es auf keinen Fall nur bei Pflichten und Rücksichtnahme bleiben! Es muss auch *altersgemäße Vor-*

rechte haben. Welche zum Beispiel? Abends zwanzig Minuten länger aufbleiben zu dürfen als alle anderen und sich bei Papa mit einem Bilderbuch einzukuscheln. Oder als Einziger mit Mama etwas zu unternehmen, weil es halt »nur für Große« ist. Dies kann das Selbstwertgefühl schon enorm steigern und dem älteren Kind helfen, seine Pflichten williger zu tragen.

Das »Trotzalter« oder das Kind entdeckt sein Ich

Im Wesentlichen gelten für das dritte Lebensjahr die gleichen Verhaltensweisen wie in dem Jahr zuvor: Humor und starke Nerven, Geduld und Beständigkeit, viel Freiheit und klare Regeln.

Dennoch gilt das dritte Lebensjahr (zum Teil auch schon das Ende des zweiten Jahres) bei vielen Eltern und Erziehern als ein besonders schwieriges Alter, weil Begriffe wie Trotzalter, Wutanfälle, Schlafschwierigkeiten, Ängste und sonstige schwierige Verhaltensweisen untrennbar mit diesem Jahr verbunden zu sein scheinen.

Meiner Meinung nach wird vielfach übertrieben. »Trotziges« Verhalten ist oft lediglich eine Reaktion des Kindes auf zu rigides Verhalten der Erwachsenen. Eine Psychologin hat 500 Trotzkinder untersucht und kam zu dem verblüffenden Ergebnis, dass bis auf einen einzigen Fall alle Trotzanfälle durch die Anforderungen der Erwachsenen ausgelöst waren.

Wir sollten den Begriff *»Trotzalter«* austauschen gegen »Ich-Findung«, denn das beschreibt besser, was in dem Kind vorgeht. Mediziner betonen, dass im dritten Lebensjahr im innersekretorischen System des Körpers (Sekret = Ausscheidung, z. B. einer Drüse) Veränderungen entstehen, die schnellere Ermüdbarkeit, Schweißausbrüche und leichte Blutdruckerhöhungen beim Kind hervorrufen können. Das wirkt sich auf sein Verhalten aus. Es fängt Spiele an, beendet sie aber nicht. Es ist unausgeglichen und unruhig. Seine Stimmungen wechseln wie das Aprilwetter.

Das Kleinkind beginnt aber auch zu erfassen, dass es eine eigenständige Persönlichkeit ist. Haben Sie auch schon beobachtet, dass ein Kind, das bisher von sich selbst in der dritten Person gesprochen hat, in Form seines Vor- oder Kosenamens, plötzlich das Wörtchen »Ich«, mit allem was dazugehört, entdeckt?

Stichwort »Trotzalter«
www.trotzalter.de
www.elternimnetz.de

Der Trotz Ihres Kindes ist also ein Zeichen für einen neuen Entwicklungsschritt, den es nicht zu bekämpfen, sondern zu fördern gilt. Trotz und Wut müssen nicht »gebrochen«, sondern in die geeigneten Bahnen gelenkt werden.

Mein Kleiner sagt immer »Nein«!

»Aber wenn mein Dreijähriger nun immer ›Nein‹ sagt, ganz gleich, ob ich ihn freundlich etwas frage oder laut werde? Oder wenn er sich auf den Boden wirft, brüllt und um sich tritt – womöglich noch in der Öffentlichkeit?«

Zunächst einmal wissen Sie jetzt, dass Ihr Kind eine ganz normale Entwicklungsphase durchläuft – es beginnt, sich als eigene Persönlichkeit von seinen Eltern abzugrenzen.

Folgende Gedanken können Ihnen im Umgang mit Ihrem kleinen »Wüterich« helfen:

· Begrenzen Sie die Anzahl der Gelegenheiten, bei denen Sie selbst das Wort »Nein« verwenden. Es ist erstaunlich, wie oft Eltern Nein sagen und wie bestürzt sie dann sind, wenn ihre Kinder sie nachahmen.

· Sobald Sie selbst aufgehört haben, Nein zu sagen, ignorieren Sie es, wenn Ihr Kind das Wort verwendet. Gehen Sie einfach aus dem Zimmer, wann immer es möglich ist. Wenn gehandelt werden muss, handeln Sie, ohne zu reden. Wenn Ihr Kind zum Beispiel ins Bett gehen soll, nehmen Sie es bei der Hand und führen Sie es in sein Zimmer.

- Bieten Sie Wahlmöglichkeiten an, bei denen Ja und Nein als Antworten ausscheiden. »Willst du den gelben oder den blauen Schlafanzug?« »Sollen wir eine lange oder eine kurze Geschichte lesen?«
- Übertragen Sie Ihrem Kind Verantwortung, indem Sie es um Hilfe bitten und Entscheidungen treffen lassen. »Ich brauche jemanden, der mir hilft, dieses Durcheinander hier aufzuräumen. Was willst du machen, und was soll ich übernehmen?«
- Feiern Sie: »Das ist ja toll! Du kannst selbst denken – du willst nicht mehr die ganze Zeit gesagt bekommen, was du tun sollst.« Mit zwei Jahren versteht Ihr Kind wahrscheinlich noch nicht, was Sie da sagen, aber es wird Sie daran erinnern, wie wichtig es ist, dass das Kind seine Persönlichkeit entwickelt.

»Ich habe die Erfahrung gemacht, dass manch hausgemachter Konflikt nicht eskaliert, wenn ich einfach ohne Worte handle. Gerade heute wieder: Jeremia war wütend. Er hatte eine seiner Aufgaben nicht erfüllt. Um dem Ganzen die Krone aufzusetzen, wurde er richtig sauer und knallte wütend die Glastür zu, brüllte und schrie und raste durch die Wohnung.

Anstatt zu debattieren, was nun richtig ist, nahm ich meinen Sohn mit ins Bad und steckte ihn wortlos in seinen Schlafanzug. Anschließend kuschelte er sich entschuldigend an mich, und wir schmusten noch zusammen.« – Jana

Wutanfälle

Wie reagieren Sie bei Wutanfällen angemessen? Zunächst einmal hilft die Beachtung der eben genannten Punkte, Wutausbrüche zu mindern. Denn Kinder inszenieren Wutanfälle, um Aufmerksamkeit zu erregen, ihren Willen durchzusetzen, andere zu kränken, von denen sie sich gekränkt fühlen – oder um zu erreichen, dass sie in Frieden gelassen werden. Manchmal aber auch schlicht und einfach, weil sie frustriert sind.

Vermeiden Sie es, während des Wutanfalls noch mit Erklärungen in das Kind einzudringen: In diesem Augenblick zählen keine rationalen Argumente – Ihr Kind erlebt gerade einen inneren »Kurzschluss«, den es selbst in keiner Weise mehr kontrollieren kann.

- Fragen Sie Ihr Kind in einem ruhigeren Moment, ob es noch andere Möglichkeiten kennenlernen möchte, mit Enttäuschung und Frustration umzugehen. Bringen Sie ihm bei, seine Gefühle in Worte zu fassen und konstruktiv auszudrücken, statt sie ungehemmt vorzuführen.
- Fragen Sie Ihr Kind, was Sie tun sollen, wenn es einen Wutanfall hat. Aber warten Sie mit der Frage bis zu einem Zeitpunkt, an dem Sie beide in Ruhe darüber sprechen können! Lassen Sie ihm die Wahl: »Soll ich dich dann in den Arm nehmen oder vielleicht besser einfach warten, bis du's hinter dir hast?«

Nachsicht und Strenge

Reagieren Sie nicht mit zu großer Besorgnis und Nachgiebigkeit. Vernünftige Regeln muss Ihr Kind in diesem Alter schon beachten.

Ist kein Einlenken zu beobachten, kann es manchem wütenden Kind helfen, einige Minuten in der »ruhigen Ecke« zu sitzen, um ihm die Möglichkeit zum »Abkühlen« zu geben. Einem anderen Kind würde das nicht helfen, es sollte vielmehr im Arm gehalten, gewiegt und abgelenkt werden, bis es sich endlich beruhigt. Probieren Sie aus, was für Ihr Kind am günstigsten ist.

Im Übrigen heißt es »abwarten und Tee trinken«. Wenn Sie sich umsichtig und konsequent genug verhalten haben, beruhigt sich das Kind gegen Ende des dritten Lebensjahres gewöhnlich wieder. Dann möchte es Ihre Anerkennung und Ihr Lob erringen und ist stolz darauf, schon so groß und einsichtig zu sein.

»Die ruhige Ecke«

Was ist nun mit der »ruhigen Ecke« gemeint? Von dieser Methode behaupte ich nicht, dass sie bei allen Kindern und in allen Situationen funktioniert, aber doch sehr häufig. Es lohnt, sich den Ablauf der »ruhigen Ecke« genau einzuprägen und dann anzuwenden. Gerade wenn man ein Kind im Alter von knapp drei bis etwa sechs Jahren hat.

Die »ruhige Ecke« ist ein Ort und eine Zeit zum »Abkühlen« für Kind und Eltern.

Die Idee dabei ist, dem Kind bei einer Auseinandersetzung für eine kurze Zeit Einhalt zu gebieten, ihm dabei die Aufmerksamkeit zu entziehen, um das unerwünschte Verhalten nicht zu verstärken und es dadurch zur Einsicht zu bringen. So lernt es leichter, was von ihm erwartet wird und beruhigt sich eher, als wenn Eltern laut werden oder streng strafen.

Folgende Schritte müssen Sie sich unbedingt einprägen:

- Zuerst müssen Sie dem Kind genau sagen, was Sie von ihm erwarten, zum Beispiel: »Janina, hör auf, deinen Bruder anzuschreien, sprich freundlich mit ihm!« Dabei ist es günstig, wenn Sie in die Knie gehen und dem Kind in die Augen schauen.
- Wenn es dann tut, was Sie gesagt haben (was ja auch oft vorkommt!), dürfen Sie nicht vergessen, es zu loben! »Janina, ich finde es großartig, dass ihr jetzt so nett miteinander spielt!«, könnten Sie sagen.
- Hält das Kind sich aber nicht an Ihre Aufforderung, schicken Sie es für ca. drei Minuten (nicht länger!) in die »ruhige Ecke«. Das ist ein Stuhl oder ein Sessel im gleichen Raum, in dem auch Sie sich befinden. Dort muss das Kind sitzen, ohne sich mit etwas zu beschäftigen

und ohne dass Sie es beachten oder mit ihm sprechen. Ihre Aufgabe ist es, jeglichen Protest zu ignorieren, aber auch ihrerseits nicht mehr zu schimpfen. Sie sagen also: »Janina, du schreist deinen Bruder noch immer an, deshalb musst du jetzt in die ›ruhige Ecke‹.«

- Wenn die drei Minuten um sind, gehen Sie zu dem Kind hin und teilen ihm mit: »Du bist jetzt drei Minuten ruhig gewesen, du kannst wieder aufstehen.«
- Danach ist es gut, wenn Sie ihm helfen, eine Beschäftigung zu finden und es bei der nächsten Gelegenheit für angemessenes Verhalten loben.

Eine ganz wichtige Voraussetzung für das Funktionieren dieser Methode ist, dass das Kind vorher darüber Bescheid weiß. Sie sollten sich also in einer konfliktfreien Situation mit Ihrem Kind hinsetzen und ihm erklären, dass Sie es leid sind, so oft miteinander Streit zu haben und dass Sie sich deshalb überlegt haben, es immer dann, wenn es nicht hören will, in die »ruhige Ecke« zu schicken... Dann erzählen Sie ihm, was es damit auf sich hat.

Ein wenig skeptisch, weil sie viel Widerstand erwartete, wagte sich eine junge Mutter an diese Strategie. Sie erläuterte ihrem Vierjährigen in einer ruhigen Minute, wie sie es bei künftigen Auseinandersetzungen handhaben wollte und wartete den nächsten Zusammenstoß ab. Er kam bald: Sven weigerte sich, seine schmutzigen Schuhe wegzuräumen. Seine Mutter bewahrte Ruhe und verhielt sich exakt wie beschrieben. Es geschah das Erstaunliche: Sven setzte sich ohne zu murren auf einen Küchenstuhl, schwieg vier Minuten, räumte danach seine Schuhe weg... und die beiden blieben beste Freunde!

Noch erstaunlicher: Einige Zeit später fragte die Schwiegermutter, bei dem Sven einen Nachmittag in der Woche verbrachte, was denn eine »ruhige Ecke« sei? Der Junge hätte ihr erzählt, dort müsse er sich hinsetzen, wenn er mal nicht hören will, und dass ihm das lieber sei, als wenn Mama rumbrüllen würde...

Natürlich läuft es nicht bei jedem Kind so glatt wie bei Sven. Ein anderes macht vielleicht ein Mordstheater und will vom Stuhl aufspringen. Dann knien Sie sich zu Ihrem Kind, halten es fest und reden beruhigend auf es ein. Sie müssen ja nur rund zwei Minuten durchhalten. Mit der Zeit wird es sich an diese neue Regel gewöhnen.

»Unglaublich, aber wahr: Die ruhige Ecke ist ein klasse Tipp! Vor allem bewahrt er Eltern vor Überreaktionen im Eifer des Gefechts. Wir haben die ruhige Ecke sehr gern eingesetzt, da sie den Kindern eine klare Grenze aufzeigt. Oftmals reichte das völlig aus.« – Jana

»Ich habe mich immer gewundert, wie bereitwillig die Kinder nach der Gewöhnungsphase auf der Treppe sitzen geblieben sind. Anschließend haben sie fröhlich den Küchentimer ausgedrückt, mussten sich entschuldigen gehen und spielten dann (meist) lieb weiter. Zur Erklärung: Wenn ein Kind auf die ›ruhige Treppe‹ muss, stelle ich die Uhr am Backofen auf zwei Minuten ein. Wenn es dann piepst, ist dies das Zeichen, wieder aufstehen zu dürfen und die Uhr selbst ausmachen zu können.« – Carola

Fantasie oder Wirklichkeit?

Unsere dreijährige Marie behauptete steif und fest: »Im Garten habe ich Elefanten gesehen!« Sie ließ sich das von niemandem ausreden. Ein anderes Kleinkind beharrt: »Die Schokolade? Die hat der Hund gefressen!«

»Sind das nun handfeste Lügen? Muss man da nicht den Anfängen wehren?«, fragen sich besorgte Eltern. Viele Psychologen sind sich darüber einig, dass ein Kind bis ins Vorschulalter kaum zwischen dem, was wirklich ist, und dem, was es in seiner Fantasie erlebt, trennen kann. Dies ist ein wichtiger Unterschied zwischen kindlicher und erwachsener Fantasie. Die Vermischung von Fantasie und Realität kann den Eindruck entstehen lassen, dass ein Kind viel lügt. Man muss sich jedoch dessen bewusst sein, dass die Fantasiebilder für das Kind dieselbe Bedeutung wie die Wirklichkeitsbilder haben. Erst mit vier Jahren wächst langsam das Bewusstsein, dass die wirkliche Welt und die Fantasiewelt nicht identisch sind. Man nimmt an, dass ein Kind von ungefähr sieben Jahren ein Gefühl für den Unterschied von Realität und Fantasie entwickelt hat.

Eltern müssen diese kleinkindliche Wahrnehmung unbedingt berücksichtigen und dürfen nicht zu streng reagieren. Diese Art »Schwindeln« darf man nicht mit dem späteren Lügen verwechseln. Dann weiß ein Kind genau, dass es nicht die Wahrheit sagt. Allerdings braucht das Kind behutsame Hilfe, die Welt nach den Gesetzmäßigkeiten der Wirklichkeit zu ordnen. Praktisch heißt das, dass Sie die kindlichen Fantasien zwar nicht unterdrücken oder gar als Lüge bestrafen, aber auch nicht übermäßig bestärken und beachten sollten. Die Fantasielüge sollten Sie gelassen bezweifeln und den wahren Sachverhalt nennen.

Wenn man bedenkt, dass Kinder in diesem Alter kaum zwischen Fantasie und Wirklichkeit unterscheiden können, beantwortet sich die Frage nach Fernsehen eigentlich schon von selbst. Medienexperten betonen, dass das Fernsehen für Kinder unter drei Jahren schädlich ist. Grundsätzlich sollte man auch Kindergartenkinder nicht allein vor dem Fernseher »parken«.

Durch Lügen einer Strafe entgehen

Gegen Ende des dritten Lebensjahres entdeckt das Kind möglicherweise zum ersten Mal, dass es durch Lügen einen Tadel oder gar eine ernsthafte Strafe vermeiden kann. Meist sind diese »Lügen« aber noch sehr unbeholfen und leicht zu durchschauen. Genau genommen sind sie nichts anderes als ein Nicht-zugeben-Können einer schuldhaften Handlung. Da es Kindern zunehmend wichtig wird, sich durch Lob und Anerkennung und »richtiges« Verhalten (die Trotzphase ist gewöhnlich abgeklungen) der Zuwendung der Eltern zu versichern, könnten sie jetzt schon mal eine »Notlüge« probieren.

Wiederum dürfen Eltern nicht zu streng reagieren, denn wenn Ihr Kind daraufhin anfängt, aus Furcht vor Strafe erst recht die Unwahrheit zu sagen, haben Sie ein richtiges Problem. Andererseits dürfen Eltern über kindliche Lügen auch nicht einfach hinweggehen. Das Kleinkind lebt ja gerade in der Phase, in der das Gewissen ausgebildet und geschult wird.

Helfen Sie dem Kind, sein schlechtes Gewissen, das man ihm ja ohne Weiteres ansieht, zu erleichtern, indem Sie ihm erklären, dass Sie seine Wünsche schon verstehen (wenn es z. B. etwas Verbotenes getan hat), und appellieren Sie verstärkt an seine Einsicht! Aber machen Sie ihm auch eindringlich klar, dass Unwahrheiten nicht richtig sind: »So, wie du das sagst, stimmt es nicht. Man darf nicht lügen!«

Tag für Tag gibt es viele Möglichkeiten, das Gewissen Ihres Kindes zu schärfen: durch Ihr Vorbild, Erklären, Richtigstellen und Ermahnen. Hilfreich sind die beliebten Erzähl-Stunden. Das Kind lernt aus Märchen und Geschichten einfache sittliche Normen: Gutes tun und gewissenhaft handeln, wird belohnt. Böse sein, anderen Schaden zufügen, hat entsprechende Folgen. Ausgewählte biblische Geschichten stärken die positive Entwicklung des kindlichen Gewissens. Beim Vorlesen und Erzählen lernt das Kind, in den Geboten den liebenden, fürsorglichen und väterlichen Gott zu erkennen, dem auch seine Eltern vertrauen.

Mein und Dein, das kenn ich nicht!

Ein kleines Kind kann noch nicht im üblichen Sinne stehlen. Ihm ist die Zuordnung von Mein und Dein noch nicht eindeutig und durchgängig klar. Ist es beispielsweise von zu Hause gewohnt, dass es wie die übrigen Familienmitglieder an alles herandarf, so wird es sich zunächst im Kindergarten auch so verhalten. Es muss erst lernen, wie die Besitzverhältnisse eigentlich liegen.

Ähnlich wie Sie beim Lügen auf eine gute Gewissensbildung achten, sollten Sie beim »Stehlen« schon zarten Anfängen wehren, indem Sie zum Beispiel das »geliehene Stück« ausdrücklich und im Beisein des Kindes zurückgeben oder zurückgeben lassen. Das sollte natürlich wie ganz selbstverständlich geschehen und keine dramatische Handlung sein.

Am leichtesten lernt ein Kind, Mein und Dein zu unterscheiden, wenn es selbst »Eigentümer« ist; wenn es also genügend Spielsachen hat, mit denen es wirklich machen kann, was es will – auch einem Geschwisterkind gegenüber. Wenn ein Kind auch im Schulalter noch stiehlt, brauchen Eltern und Kind meist eine psychologische Beratung.

Erst denken, dann sprechen!

Manchen Kindern rutscht eine Unwahrheit ganz schnell über die Lippen – ich meine solche Kinder, die erst sprechen und dann anfangen zu denken.

»Na, na, denk erst einmal nach!«, könnten Sie erwidern. Meistens bekommt es dann einen roten Kopf und besinnt sich schnell auf den wahren Sachverhalt. Wir haben gelernt, solchen Kandidaten möglichst wenig Fragen zu stellen, die vorschnell mit einem gedankenlosen »Ja« oder »Nein« beantwortet werden können. Vor dem Essen zu fragen »Hast du dir die Hände gewaschen?«, könnte verhängnisvoll werden. Wir sagen lieber »Geh dir bitte die Hände waschen!« Sollte es tatsächlich schon geschehen sein, kommt gehöriger Protest. Wenn nicht, geht's ab ins Bad, ohne dass etwas Unüberlegtes über die Lippen kommen konnte.

Die »Zügel der Autorität« richtig ergreifen

Ich habe es schon betont: Kinder sind unterschiedlich, und je nach Temperament müssen Sie auch anders auf jedes einzelne eingehen. Ihnen bleibt es nicht erspart, ein wenig herumzuexperimentieren, welche meiner Ratschläge am besten auf das jeweilige Kind zutreffen.

Im Folgenden möchte ich Ihnen zusammenfassend eine Strategie mitgeben, die Ihnen jetzt und in den nächsten Jahren helfen kann, mit Ihren Kindern ohne große Aufregung und Drohungen klarzukommen.

Augenleitung

Nehmen wir eine Szene, die häufig vorkommt: Ihr Dreijähriger ist im Sandkasten ständig dabei, den anderen Kindern die Spielsachen fortzunehmen und deren Sandburgen zu zerstören. Zumindest zeigt er ein Verhalten, das in Ihren Augen nicht richtig ist.

Ihre erste Maßnahme ist die »Augenleitung«: Sie schauen zu Ihrem Sprössling hinüber, räuspern sich, krausen die Stirn oder heben warnend den Finger.

Es ist allein eine Sache zwischen Ihnen beiden, niemand anderes merkt etwas davon. Dies soll ihm zeigen, dass Sie sein verkehrtes Handeln bemerkt haben und ihn zur Besserung auffordern. Diese »Augenleitung« ist eine der angenehmsten Erziehungsformen für Eltern und Kinder. Wenn Ihr Kind weiß, dass Sie konsequent zu Ihrer Aufforderung stehen, wird es sein falsches Verhalten in vielen Situationen auf diesen Blickkontakt hin einstellen. Es ist gut, wenn Kinder gelernt haben, auf diesen stillen Wink einzugehen. Schade, wenn sie erst auf »Kanonenschüsse« ihrer Eltern hin einlenken. »Augenleitung« funktioniert dann gut, wenn eine tiefe emotionale Beziehung zwischen Eltern und Kind besteht.

Zurechtweisung und konstruktiver Ausweg

Ich möchte dieses Beispiel bis zum (bitteren) Ende verfolgen. Ihr Kind versteht zwar den Wink, aber es ändert sein Verhalten nicht. Der nächste Schritt ist, es zurechtzuweisen und eine konstruktive Möglichkeit anzubieten. Zurechtweisen tun Eltern oft, aber vielfach versäumen sie, dem Kind einen Ausweg zu zeigen.

In diesem Fall könnten Sie sagen: »Schau, du hast doch auch so viele Spielsachen. Willst du dir nicht selbst eine Sandburg bauen?« Oder: »Sag mal, hast du heute morgen schon geschaukelt?« Schwupps, schon sind Sandburgen und Schaufeln vergessen. Glücklich schwingt es sich der Sonne entgegen. Mit einem solchen Vorschlag geben Sie dem Kind die Möglichkeit, von dem Streit abzulassen und selbst etwas Konstruktives zu tun.

Zurechtweisen und Konsequenz aufzeigen

Wenn dieser Schritt nicht ausreicht, folgt die nächste Maßnahme. Sie sollten dem Kind sein falsches Verhalten erklären und diesmal die Konsequenz nennen, die folgen wird, wenn es nicht davon ablässt.

Sie können auf eine abgewandelte Form der »ruhigen Ecke« zurückgreifen und den kleinen Streithahn für drei Minuten still neben sich sitzen lassen, bis sie ihn wieder ins Getümmel lassen.

Wenn das nicht zieht, sollten Sie nach einer logischen Konsequenz greifen. Dabei müssen Sie aber aufpassen, dass Sie eine angemessene Folge nennen, die Sie auch wirklich durchführen können. Im Eifer des Gefechts wird hier manchmal einiges falsch gemacht. Zum Beispiel, wenn Sie eine viel zu weit in der Zukunft liegende Maßnahme nennen, die das Kind kaum beeindrucken wird. Oder wenn Sie in Ihrem Ärger eine Drohung ausstoßen, zu der Sie ja doch nicht stehen können.

Was angemessene, logische Konsequenzen betrifft – so haben wir es bei uns gemerkt –, können wir Eltern eine Menge lernen. In unserem Sandkastenbeispiel wäre wohl die richtige, logische Konsequenz: »Wenn du nicht aufhörst, dann werde ich dich nehmen, und du musst dort drüben in der anderen Sandkiste für dich allein spielen.«

In den meisten Fällen wird das Kind spätestens jetzt einlenken. Besonders dann, wenn das Kind weiß: »Auf Mama ist Verlass! Wenn sie etwas ankündigt, dann hält sie es. Es ist besser, ich gebe nach.«

Durchführen der Konsequenz

Hat das Kind jedoch schon zu oft erfahren, dass seine Eltern Drohungen ausstoßen, ohne sich daran zu halten, dann mag es denken: »Ach, die meinen es ja nicht so. Mal sehen, auf was für einen Einfall sie jetzt kommen.« Weil es schon zu oft Sieger war, wird es den Machtkampf weiter treiben.

Auf dieses so häufig zu beobachtende und nervenaufreibende »Spiel« sollten Sie sich nicht einlassen. Überlegen Sie sich gut, was Sie von Ihrem Kind erwarten können, und wenn es angemessen ist, stehen Sie dazu wie eine Eiche – unanfechtbar und ohne zu wanken.

Wenn das Kind das noch nicht begriffen hat oder es wieder einmal in Frage stellen will, dann klemmen Sie sich den kleinen Sprössling unter den Arm, klauben seine Spielsachen zusammen und bringen ihn tatsächlich hinüber in die andere Sandkiste. Lassen Sie sich auch nicht von Geschrei oder sogar Umsichschlagen beeindrucken. Wenn sich das Kind überhaupt nicht beruhigen will, müssen Sie eventuell zusammen den Spielplatz verlassen. Ihre Standhaftigkeit wird seine Achtung vor Ihnen vertiefen und es in Zukunft vorsichtiger handeln lassen.

Diese vier Schritte haben sich in unserem Familienalltag über alle Jahre als hilfreich erwiesen. Hat sich die Abfolge erst einmal eingespielt, wird es häufig bei der »Augenleitung« bleiben und der Konflikt selten über den dritten Punkt hinausgehen.

Noch einmal die Zusammenfassung:

1. Augenleitung
2. Zurechtweisung und konstruktiver Ausweg
3. Zurechtweisung und Nennen der Konsequenz
4. Durchführen der Konsequenz

»Gerade jetzt ist Jeremia wieder in einer Phase, in der er sämtliche Regeln infrage stellt. Androhungen wirken bei ihm gar nicht. Dann verlegt er sich selbst nur aufs Drohen, nach dem Motto: ›Na und? Dann mache ich eben das erst recht!‹ Bei ihm funktioniert die Strategie der Auszeit bzw. der logischen Konsequenzen am besten. Wir müssen aber tatsächlich bis zum Schluss durchhalten. Mitunter reagiert er auch auf ein Stirnrunzeln, möchte aber sicher gehen, dass wir tatsächlich zu unseren Worten stehen. Ich bin dankbar, diese Strategie zu kennen. Ich finde, sie erleichtert das Elternsein ganz erheblich! Sie bewahrt uns vor übersteigerten Strafen, vor Dingen, die wir später bereuen könnten!« – Jana

»Meist sind wir mit dieser Strategie gut gefahren, und die Kinder lenkten vor der Konsequenz ein. Oft ist es schwierig, im richtigen Moment die richtigen Konsequenzen parat zu haben. Manchmal ist es nicht möglich, dreimal zu ermahnen, um einen Schaden zu vermeiden (z. B. wenn die Kinder sich schlagen).« – Carola

»Unser Valentin ist ein recht willensstarkes Kind und kann sich leicht reinsteigern, wenn er nicht das bekommt, was er will. Uns hat diese Strategie sehr geholfen, ihn aus seiner Wut herauszuholen. Wir wenden sie jetzt schon ein paar Jahre an, und inzwischen reicht es meist, wenn ich ganz freundlich seinen Namen sage und ihn dabei ansehe.« – Katharina

Statt eines Nachworts

Kurzer Ausblick auf die Vorschuljahre

Die ersten drei Jahre eines kleinen Erdenbürgers vergehen wie im Flug. Bemühen Sie sich, die markanten Momente stets in Erinnerung zu behalten – mit Bildern und vielleicht auch in Form eines Tagesbuches: das erste Lächeln, die ersten Worte, das Krabbeln und das erste Aufrechtgehen, das Nachahmen der Eltern mit intensiven Rollenspielen, die ersten Selbstständigkeitsversuche im Spielkreis, das Bücheranschleppen und die endlosen Warum-Fragen.

Diese einzigartigen Erlebnisse sind der Ausgleich für die durchwachten Nächte, die Mühen, die man auf sich nimmt, und wiegen weit mehr als die kleinen Machtkämpfe und die ersten eigenwilligen Selbstständigkeitsversuche.

Was werden die nächsten Jahre bringen? In den Vorschuljahren wird und muss sich die enge Mutter-Kind-Symbiose weiter auflösen. Durch Freunde, Kindergarten und Medien wird sich die Welt Ihres Kindes erweitern und neue Eindrücke und Bewährungsproben bringen. Dann werden Sie sich mit Themen befassen wie Gossensprache, Kinderfragen zur Sexualität, Fragen nach Gott und der Welt, Regeln zum Fernsehkonsum, Fragen zur Verkehrserziehung und Schulreife.

Auch in diesen Themen können wir Sie begleiten. »Das große Familien-Handbuch«, das Eberhard und ich geschrieben haben, greift diese Themen auf und ist eine Fortsetzung von »Bleib ruhig, Mama!«. Auch finden Sie auf unserer Internetseite www.muehlan-mediendienst.de viele Themenangebote für das Zusammenleben mit jüngeren und älteren Kindern.

Für mich gehört das Zusammenleben mit Kindern nach wie vor zu den lebenserfüllendsten Aufgaben. Nun habe ich eine überdurchschnittlich große Familie und eine ungewöhnlich lange Mutterphase durchlebt. Aber ich habe es nicht bereut, es hat mein Leben unermesslich bereichert. Es ist die intensivste Persönlichkeitsschule für einen selbst, denn wo sonst lernt man so intensiv Geduld, Ausdauer, Konsequenz und Empathie? Andererseits gehört es, wenn man den Test bestanden hat, zu dem Schönsten im Leben, den heranwachsenden und erwachsenen Kindern nach wie vor Beraterin und Freundin zu sein und im Kreise seiner Familie glücklich alt zu werden.

Anmerkungen

1 Stella Chess/Alexander Thomas. Know your Child. New York: Basic Books 1987.
2 08.09.2008 http://www.aerzteblatt.de.

Buchtipps

Stichwort – Gehirnentwicklung
Lise Eliot. Was geht da drinnen vor? Die Gehirnentwicklung in den ersten 5 Lebensjahren. Berlin: Berlin-Verlag 2001.
Christa Meves. Geheimnis Gehirn. Gräfeling: Resch Verlag 2008.
M. R. Textor. Gehirnentwicklung bei Babys und Kleinkindern – Konsequenzen für die Familienerziehung.

Stichwort – Glaube
Doris Braun. Gott kennenlernen von Anfang an: …den Alltag von Babys und Kleinkindern mit Gott in Verbindung bringen…Buch und CD. Lüdenscheid: Asaph 2002.

Stichwort – Persönlichkeitsunterschiede
Charles Boyd. Was für Eltern braucht mein Kind? Wege zu einer typgemäßen Erziehung. Witten: SCM R.Brockhaus 2007.
Stella Chess/Alexander Thomas. Know your Child. New York: Basic Books 1987.
Zur Bestimmung von Temperamentstypen ist auch die Einteilung nach DISG hilfreich. Ich habe jedoch festgestellt, dass es bei Babys und Kleinkindern Eltern leichterfällt, nach Chess und Thomas vorzugehen.

Stichwort – Schlafen
Petra Kunze/Helmut Keudel. Schlafen lernen. Sanfte Wege für Ihr Kind. München: Gräfe & Unzer 2009.

Stichwort – Schwangerschaft
Lennart Nilsson. Ein Kind entsteht. München: Goldmann 2003.
Lesley Regan. Meine Schwangerschaft Woche für Woche: Medizinischer Hintergrund und praktischer Rat. München: Dorling Kindersley 2007.

TEAM.F Seminare

rund ums Familienleben

- Vertiefung der Ehebeziehung
- Familienleben und Kindererziehung
- Familienwochen
- Ehevorbereitung
- Seelsorge und Familienleben
- Ehe–Abendkurse

Weitere Informationen: TEAM.F
Neues Leben für Familien e.V.
Christliche Ehe- und Familienseminare
Honseler Bruch 30
58511 Lüdenscheid
Fon 02351.81686
Fax 02351.80664
E-Mail: info@team-f.de
Internet: www.team-f.de